城市轨道交通员工职业素养

何 哲 樊嘉慧 主 编

U0838591

中国商业出版社

图书在版编目（CIP）数据

城市轨道交通员工职业素养 / 何哲，樊嘉慧主编.
北京 ：中国商业出版社，2025. 6. -- ISBN 978-7-5208-3466-7

Ⅰ. U239.5

中国国家版本馆CIP数据核字第2025HD7658号

责任编辑：葛　伟

中国商业出版社出版发行
（www.zgsycb.com　100053　北京广安门内报国寺 1号）
总编室：010-63180647　　编辑室：010-83118925
发行部：010-83120835/8286
新华书店经销
北京七彩京通数码快印有限公司印刷
*
710毫米 ×1000毫米　16开　13.75印张　214千字
2025年6月第1版　　2025年6月第1次印刷
定价：57.00 元
* * * *
（如有印装质量问题可更换）

编 委 会

主　编　何　哲　樊嘉慧

副主编　邱　婧　王　康　李　廷

参　编　刘小莉　沈亦宽　肖　卓　赵雅纳

前　言

随着城市化进程的加速和公共交通需求的日益增长，城市轨道交通作为现代化城市的重要交通方式，正发挥着越来越重要的作用。作为城市轨道交通系统的核心力量，员工的职业素质直接关系到运营效率、服务质量和乘客体验。因此，培养具备高度职业素养的城市轨道交通员工，已成为行业发展的迫切需求。

本教材是校企深度合作的成果，在嘉兴市铁路与轨道交通投资集团运营管理部负责人赵雅纳高级工程师的指导下，由嘉兴职业技术学院何哲、樊嘉慧担任主编，联合多家轨道交通企业共同开发完成。赵雅纳作为浙江省交通运输厅高级职称评审专家、中国安全生产科学研究院轨道交通安全评估专家，为本教材提供了宝贵的行业实践经验和专业指导。本教材在编写过程中得到了多家轨道交通运营企业的大力支持。企业专家全程参与教材开发，提供了丰富的实践案例、岗位标准和行业最新动态，确保教材内容与实际工作需求紧密结合。本教材的具体编写分工如下：

模块 1　职业：由樊嘉慧、邱婧负责编写；

模块 2　城市轨道交通职业选择：由刘小莉、肖卓负责编写；

模块 3　城市轨道交通员工职业规范：由何哲、王康负责编写；

模块 4　城市轨道交通员工职业技能：由李廷、王康负责编写；

模块 5　城市轨道交通员工职业培养：由何哲、沈亦宽、赵雅纳负责编写。

本教材内容涵盖职业、职业选择、职业规范、职业技能和职业培养五大模块，系统构建了城市轨道交通从业人员职业素质培养体系。每个模块都融入了企业实践案例，并设置了实践任务，帮助读者将理论知识转化为实际工作能力。本教材适用于城市轨道交通行业的在职员工、职业院校学生以及对城市轨道交通职业感兴趣的社会人士。通过学习，读者不仅能够全面了解城市轨道交通行业职业要求，还能掌握提升职业素质的具体方法，为个人职业发展奠定坚实基础。

本教材在编写过程中，参考了大量国内外相关文献资料。在此，我们向所有参与本教材编写的企业专家、院校教师以及提供帮助的专家学者表示衷心的感谢。特别感谢赵雅纳高级工程师的专业指导，使本教材更具实践价值。

由于编者水平有限，本教材中难免存在不足之处，恳请广大读者批评指正，以便我们在今后的修订中不断完善。

编　者

2025 年 3 月

目录

模块1 职　　业

模块概述

本模块围绕“职业”主题，系统探讨职业的本质、特征及社会意义，并结合城市轨道交通行业进行职业认知的实践分析。模块分为两个单元。一是职业认知：从宏观视角解析职业的产生、定义、特征及分类，阐述职业与工作、事业、专业的区别与联系，探讨职业的社会价值与个体意义，构建学生对职业的系统性理解。二是城市轨道交通职业认知：聚焦行业特殊性，梳理轨道交通职业的发展历程、分类体系与专业设置，结合行业技术革新与政策趋势，分析职业发展前景及能力要求，引导学生将职业理论应用于具体行业场景。通过理论与实践结合，本模块旨在帮助学生建立职业认知框架，明确职业规划方向，为未来的专业学习与职业发展奠定基础。

学习目标

• 知识目标

1. 理解职业的产生背景与演变规律，掌握职业的定义、特征及分类标准。

2. 区分职业与工作、事业的差异，分析其转化逻辑与社会意义。

3. 掌握职业与专业的关系，了解专业教育对职业发展的支撑作用。

4. 熟悉轨道交通职业的发展历史，包括技术变革对职业形态的影响。

5. 掌握《中华人民共和国职业分类大典（2022年版）》中轨道交通职业的分类体系及岗位职责。

6. 了解行业政策趋势及新兴职业需求。

• 能力目标

1. 能够运用职业分类标准分析具体岗位特征，识别职业的技术性、社会性等核心属性。

2. 能够结合案例，比较职业与工作、事业的动态关系，设计个人职业发展路径。

3. 具备调研轨道交通职业现状的能力，包括岗位职责、技能要求及行业趋势。

4. 能够结合专业课程，分析专业能力与职业需求的匹配度。

5. 制订初步的职业规划方案，整合技术路线与管理发展可能性。

- **素质目标**

1. 树立职业道德意识，理解职业规范与社会责任。

2. 增强社会责任感，认同职业平等性及岗位协作对社会运行的重要性。

3. 培养终身学习意识，适应技术革新对职业能力的要求。

4. 强化团队协作与跨领域整合能力，应对复合型职业挑战。

5. 建立对轨道交通行业的使命感，理解职业贡献与城市发展的关联性。

6. 激发创新思维，关注新兴领域，探索职业转型机遇。

单元 1.1　职业认知

问题导入

引导问题 1：为什么说职业的产生与人类生产方式的变革密切相关？

引导问题 2：临时性工作（如暑期兼职）与职业的核心区别是什么？

引导问题 3：轨道交通运输服务人员属于《中华人民共和国职业分类大典（2022 年版）》中第四大类，其职业功能如何体现“社会生产服务”属性？

引导问题 4：如果一名外卖骑手希望将“工作”升华为“职业”或“事业”，需要哪些关键行动？

引导问题 5：在人工智能替代部分岗位的背景下，人类职业的哪些价值无法被技术取代？

知识准备

一、职业的产生

作为社会文明演进的重要标志，职业体系的形成与人类生产方式的变革密不可分。随着生产技术水平的持续提升，人类逐步突破自然条件的限制，实现了从原始采集向系统化农耕和畜牧生产的转型。在此过程中，社会生产结构日趋复杂与精密，不仅催生了独立的手工业体系，更推动了专门化商贸活动的诞生。

这种分工深化的过程本质上是生产力演进的直观反映。生产技术每实现一次质的飞跃，必然引发社会分工体系的结构性调整，促使职业类别朝着专业化、细分化的方向发展。中国古代“三百六十行”的民间谚语，正是对日益精细的社会分工格局的生动写照。值得关注的是，劳动实践不仅塑造了人类自身，也催生了职业分工这一社会运行机制。从社会学视角观察，社会本质上是由多元化职业形态及其协作网络构成的有机整体。

二、职业的含义

职业是参与社会分工，利用专门的知识和技能为社会创造物质财富和精神财富，获取合理报酬作为物质生活来源，并满足精神需求的工作。其要素包括劳动、有固定的报酬或收入和承担一定的社会责任并得到社会承认。职业作为社会分工体系的核心载体，其本质可概括为：社会成员依托专业知识技能参与社会协作，通过价值创造活动获取合理物质报酬，并实现自我发展与社会贡献的持续性社会行为。这一概念体系包含以下三重维度。

二维码1 职业的含义

（一）社会生存的保障机制

职业活动本质上是人类生存需求的制度性解决方案。在社会化大生产背景下，个体通过专业化劳动参与社会价值交换，获得维持生计的稳定经济来源。区别于临时性劳务（如暑期兼职或短期代课），职业的核心特征在于其持续性——既要求劳动者具备系统化专业技能，又需形成稳定的劳动契约关系，从而构成个人及家庭经济生活的支柱性来源。

（二）社会责任的承担载体

职业分工体系映射着社会发展需求的结构性分配。从社会功能视角分析，每个职业岗位都是社会运行链条的必要环节，承担着特定的公共责任：教育从业者肩负人才培养使命，医疗工作者履行健康守护职责，产业工人保障物质生产基础。这种功能互补性决定了职业群体的平等性特征——不同岗位的价值差异仅体现在服务形式层面，其社会贡献本质上具有同等重要性。

（三）价值实现的实践平台

职业发展构成个体社会化的核心路径。在满足基本生存需求后，职业活动升华为价值创造的综合载体：其一，作为能力发展平台，促使劳动者持续提升专业技能与综合素质；其二，作为社会关系网络，构建起个体与社会的互动通道；其三，作为价值实现场域，通过专业贡献实现个人价值与社会价值的有机统一。正如经典理论所指出的，当职业选择与社会发展需求同频共振时，个体劳动将升华为推动文明进步的历史性力量。

这种三维结构揭示出职业的本质属性：既是社会分工体系中的功能性单元，也是个体生命历程的发展性框架。从社会宏观层面观察，职业系统的专业化程度直接反映社会生产力水平，其结构合理性影响着社会资源的配置效率；在个体微观层面，职业发展质量决定着个人价值实现的深度与广度。职业文明的演进史，本质上就是人类突破生存局限、追求全面发展的进步史。

三、职业的特征

（一）技术性

由于社会分工的不同，不同职业对专业技能的要求也各不相同。劳动者需要通过专门技能教育或职业训练，掌握一定的专业知识和技能，以在职业活动中发挥个人才能。在知识经济时代，各行各业对劳动者的知识、技术和素质要求更高，使职业的技术含量不断提升。

（二）社会性

职业作为人类劳动分工的产物，不仅体现了劳动力与劳动资料之间的结合，还反映了劳动者之间的复杂关系。劳动产品的交换，实质上是不同职业间劳动价值的互换，这种在劳动中建立的人与人之间的联系，无疑具有鲜明的社会性。同时，职业也是社会生产发展的结果，它关注劳动者对社会的贡献，并通过工资收入、福利待遇等体现社会报酬，进而影响个人的社会地位和声望。

（三）规范性

职业具有明确的规范性，这既包括职业内部的操作要求，也涵盖职业道德的约束。不同职业在劳动过程中都有特定的操作规范，以确保专业性和效率。同时，职业道德作为伦理范畴的规范，要求劳动者在提供服务时遵循一定的行为准则。这两种规范性共同构成了职业规范的内涵，确保了职业活动的有序进行。

（四）经济性

职业是人们谋生的重要手段，具有逐利性。劳动者通过职业活动获取经济收入，以维持和提高生活水平。同时，职业活动也应满足社会的需求，只有将个人功利性与社会功利性相结合，职业活动及其职业生涯才具有持久的生命力和意义。

（五）时代性与连续性

职业具有鲜明的时代性，随着科学技术的发展和人们生活方式的变化，职业也会打上时代的烙印。同时，职业的连续性要求人们持续从事性质相近或相似的工作，不断提升自身的技能和知识水平。这种连续性和稳定性是职业生涯发展的重要保障，也是高级职位考核中不可忽视的因素。

（六）同一性与差异性

同一类别的职业在劳动条件、工作对象、操作内容等方面具有相似性，这构成了职业的同一性。然而，不同职业之间又存在显著的差异，包括劳动内容、工作方式、职业风格和行为模式等。这种差异性使不同职业要求不同技能的人来承担，形成了各具风格的职业生涯。

四、职业分类

职业分类是遵循一定的规则、标准和方法，依据职业的性质和特点，将一般及本质特征相同或相似的社会职业归纳到相应的类别系统中的过程。随着科技的进步，生产的社会化和专业化程度日益加深，社会分工越发精细，各种行业应运而生，涉及人类生产生活的方方面面。《中华人民共和国职业分类大典（2022 年版）》运用科学的分类理论和方法，充分参考国际标准，借鉴国际先进经验，并结合我国社会特点，按照“以工作性质相似性为主，技能水平相似性为辅”的原则，将职业划分为四个由大到小、由粗到细的层次：大类（8 个）、中类（79 个）、小类（449 个）和细类（1636 个），其中细类是最小的分类单位，即具体的职业。职业分类如表 1-1 所示。

二维码 2　职业的分类

表 1-1　职业分类

类型	职业
第一大类	党的机关、国家机关、群众团体和社会组织、企事业单位负责人
第二大类	专业技术人员
第三大类	办事人员和有关人员
第四大类	社会生产服务和生活服务人员
第五大类	农、林、牧、渔业生产及辅助人员
第六大类	生产制造及有关人员
第七大类	军队人员
第八大类	不便分类的其他从业人员

知识拓展

大类 4（GBM40000）社会生产服务和生活服务人员

指从事商品批发零售、交通运输、仓储、邮政和快递、住宿和餐饮、信息传输、软件和信息技术以及金融、房地产、租赁和商务、技术辅助、生态保护、文化、体育和娱乐等社会生产服务与生活服务工作的人员。

本大类包括下列中类：

4-01（GBM40100）批发与零售服务人员

4-02（GBM40200）交通运输、仓储物流和邮政业服务人员

4-03（GBM40300）住宿和餐饮服务人员

4-04（GBM40400）信息传输、软件和信息技术服务人员

4-05（GBM40500）金融服务人员

4-06（GBM40600）房地产服务人员

4-07（GBM40700）租赁和商务服务人员

4-08（GBM40800）技术辅助服务人员

4-09（GBM40900）水利、环境和公共设施管理服务人员

4-10（GBM41000）居民服务人员

4-11（GBM41100）电力、燃气及水供应服务人员

4-12（GBM41200）修理及制作服务人员

4-13（GBM41300）文化和教育服务人员

4-14（GBM41400）健康、体育和休闲服务人员

4-99（GBM49900）其他社会生产服务和生活服务人员

本书列举4-02（GBM40200）交通运输、仓储物流和邮政业服务人员，它指的是从事客运、货运等运输服务以及仓储和邮政服务等工作的人员。

本中类包括下列小类：

4-02-01（GBM40201）轨道交通运输服务人员

4-02-02（GBM40202）道路运输服务人员

4-02-03（GBM40203）水上运输服务人员

4-02-04（GBM40204）航空运输服务人员

4-02-05（GBM40205）装卸搬运和运输代理服务人员

4-02-06（GBM40206）仓储物流服务人员

4-02-07（GBM40207）邮政和快递服务人员

4-02-99（GBM40299）其他交通运输、仓储物流和邮政业服务人员

本书具体介绍4-02-01（GBM40201）轨道交通运输服务人员包括的职业及

主要工作内容。

轨道交通运输服务人员指的是从事铁路和城市轨道旅客运送以及铁路货物运输等工作的人员。

本小类包括下列职业。

1. 4-02-01-01 轨道交通列车司机

指驾驶轨道机车、动车组、城轨列车、城轨工程车，运输乘客和货物的人员。

主要工作任务：（1）接受、记录、传达行车指示、命令；（2）进行机车、动车组、城轨列车、城轨工程车技术性能试验，办理交接手续；（3）驾驶机车、动车组、城轨列车、城轨工程车驶入指定线路、位置，连接列车车列、车辆，进行列车制动和电气性能试验；（4）牵引列车、车辆、动车组、城轨列车、城轨工程车运行，进行车机联控；（5）检查机（动）车运行途中和终到站后关键部位状态，应急处理运行途中机（动）车故障；（6）填写台账、报告，办理退乘。

本职业包含但不限于下列工种：电力机车司机、动车组司机、内燃机车司机、城市轨道交通列车司机、厂矿用机车司机、动力集中型电力动车组司机、动力集中型内燃动车组司机、城市轨道交通工程车司机。

2. 4-02-01-02 铁路列车乘务员

指从事铁路列车旅客旅行、安全、餐饮、卫生服务的人员。

主要工作任务：（1）查验票证，组织旅客上、下车，办理旅客补票及旅行变更手续；（2）整理旅客行李、卧具，提供卫生、餐饮、商品服务；（3）处理旅客投诉及突发事件，维持车厢秩序；（4）宣传旅行常识，协助乘警检查易燃、易爆等危险品；（5）管理车厢服务设施、备品；（6）组织实施标准化作业，办理站车联系交接。

本职业包含但不限于下列工种：列车员、列车长、餐车长、列车值班员。

3. 4-02-01-03 铁路车站客运服务员

指从事铁路旅客运输计划的编制、实施，组织、提供旅客购票、安检、候车、乘降服务工作的人员。

主要工作任务：（1）编制、调整日班客运计划，分配和调整车票票额；（2）

调查分析客流，提出增减车辆、增开或停运列车的建议；(3) 办理旅客购买、改签车票（含电话、网络购票）及退票；(4) 组织旅客进站、候车、乘降，办理进出站检票、补票；(5) 检查旅客携带的违禁物品，处理违章乘车人员；(6) 维护候车厅、站台、股道卫生环境；(7) 接发列车，为列车上水、补水，办理站车交接；(8) 处理旅客问询、投诉及突发事件。

本职业包含但不限于下列工种：铁路车站综控员、铁路客运员、客运计划员、铁路客户服务员、客车给水员、客运值班员、售票值班员。

4. 4-02-01-04 铁路行包运输服务员

指从事铁路行李、包裹运输计划编制及运输作业的人员。

主要工作任务：(1) 调查货源，编制、调整行李和包裹运输计划；(2) 统计分析数据，提出运能调整方案；(3) 办理和组织办理行李、包裹运输业务；(4) 处理和组织处理行李、包裹缺损事故和突发事件；(5) 办理行李、包裹查询业务。

本职业包含但不限于下列工种：行李值班员、铁路行李员、行李计划员。

5. 4-02-01-05 铁路车站货运服务员

指从事铁路货物承运、装卸、检查、保管、交付及设备维护保养等工作的人员。

主要工作任务：(1) 组织货源调查分析，调整货物运输计划和运能；(2) 办理货物承运、保管、交付，组织实施装、卸车作业；(3) 请领、保管货运票据、报表，清算、核收运杂费；(4) 办理国际联运货物业务与车辆交接；(5) 调查、处理货运事故和无主货物；(6) 检查、处理货车装载及施封状态，办理交接；(7) 组织货车洗刷、消毒和货运篷布收缴、修理、保管；(8) 处理货主问询、建议、投诉及突发事件；(9) 对设备及索具进行日常检查保养。

本职业包含但不限于下列工种：铁路货运员、货运调度员、货运检查员、货检值班员、货装值班员、铁路货运装卸司机、铁路货运电动起重机司机。

6. 4-02-01-06 轨道交通调度员

指从事轨道交通列车运行组织指挥工作的人员。

主要工作任务：(1) 指挥和协调行车岗位的运作；(2) 执行运营时刻表；

（3）指挥和协调行车、供电、环控等岗位的运作；（4）监控系统运行状态，处理紧急事件，调整列车运行。

本职业包含但不限于下列工种：铁路运输调度员、城市轨道交通行车调度员、城市轨道交通设备调度员、城市轨道交通车场调度员。

7. 4-02-01-07 城市轨道交通服务员

指从事城市轨道交通车站安全、行车、机电设备运行等工作的人员。

主要工作任务：（1）组织协调车站运营服务工作；（2）执行控制中心命令，监控列车运行；（3）监控和操作车站信号、消防等设备；（4）在车站监控设备调度权下放情况下办理行车组织；（5）监控站内安全，处理突发事件。

本职业包含但不限于下列工种：城市轨道交通站务员、城市轨道交通行车值班员。

（资料来源：《中华人民共和国职业分类大典（2022 年版）》）

五、工作、职业、事业

（一）工作：社会劳动的基本单元

工作通常指的是人们为了获取报酬或实现某种目标而进行的日常活动或任务，可以是全职的、兼职的、临时的或合同制的，它通常有一个明确的雇主和职责范围；也可以是任何类型的活动，从体力劳动到脑力劳动，从低技能到高技能。

作为具体化的劳动实践，工作指向特定岗位的任务执行过程，其核心特征为：（1）短期性：表现为具体岗位职责或项目周期的完成，如完成季度销售指标等；（2）工具性：以获取即时经济回报为主要目标，如月薪、绩效奖金等；（3）可替代性：强调标准化技能的应用，如：收银员、快递员等基础岗位等。

（二）职业：社会分工的制度化形态

职业是指一系列相关的工作或职位的集合，这些工作或职位通常需要相似的技能、知识和经验，通常与特定的行业、专业或领域相关联．如医生、律师、工程师等。职业通常涵盖了从入门级到高级职位的多个层次，随着经验和技能的积累，个人可以在职业内部晋升。

职业是工作形态的系统化升级，具体体现为：（1）稳定性：依托专业资质认证形成长期劳动契约，如注册会计师、执业医师等；（2）专业性：需要系统知识储备与持续技能更新，如工程师的职称晋升体系等；（3）社会认同：形成行业规范与职业伦理标准，如教师职业资格认证制度等。

（三）事业：价值创造的终极形态

事业是指个人在其整个职业生涯中所追求的长远目标和愿景，它通常超越了单一的工作或职业。事业是高度个人化的，它反映了个人的价值观、兴趣和长期目标。事业的成功通常不仅仅取决于经济因素，还包括个人成长、满足感和社会贡献等方面。事业可能涉及多个职业或行业，它是一个持续不断的过程，需要个人不断地学习、适应和发展。

事业是职业发展的精神性升华，其特征为：（1）价值驱动性：突破物质回报层面，与个人价值观深度契合，如环保创业者的生态理想等；（2）可持续性：构建长期发展目标与战略规划，如科研人员攻克技术难关的10年计划等；（3）社会影响力：通过专业领域突破产生变革性作用，如企业家推动行业技术革命等。

（四）工作、职业、事业之间的关系

1. 工作与职业的关系

工作是职业的基础组成部分。一个人可能在其职业生涯中从事多个不同的工作，但这些工作通常都与其职业领域紧密相关。例如，一个医生在其职业生涯中可能会在医院、诊所或研究机构等多个地方工作，但这些工作都属于医疗职业范畴。

2. 职业与事业的关系

职业是事业的一个方面或阶段。个人在追求其事业的过程中，可能会经历多个职业阶段，每个阶段都为其事业的成功作出贡献。例如，一个企业家的事业可能包括创办多个企业，每个企业都涉及不同的职业领域，但都是其事业目标的一部分。

3. 工作、职业与事业的整体关系

这三者共同构成了个人职业生涯的完整图景。工作提供了短期的经济支持和职业发展机会；职业则帮助个人在其所在领域建立专业声誉和技能；而事业则是

个人在整个职业生涯中所追求的长远目标和愿景，它指导着个人的职业发展方向。

（五）工作、职业、事业的转化逻辑

1. 纵向递进

工作技能的专业化积累（如程序员编码能力）→职业身份的体系化建构（成为软件工程师）→事业版图的战略性拓展（创建科技公司推动数字化转型）。

2. 价值跃迁

从满足生存需求（工作报酬）→实现社会价值（职业贡献）→创造文明遗产（事业成就）。

3. 辩证关系

事业为职业注入方向性（如医生将职业发展为医疗改革事业），职业为工作赋予系统性（如教师将教学工作升华为教育职业）。

4. 典型案例

餐饮服务员（工作）→酒店管理师（职业）→餐饮文化传播创业者（事业），展现出从技能应用到行业深耕，最终实现文化价值输出的发展轨迹。这种演进过程印证了劳动形态从生存保障到价值创造的螺旋式上升规律。

六、职业与专业

（一）定义与区别

1. 两者的定义

（1）职业：通常指个人在社会中从事的、以获取报酬为目的的工作岗位，如程序员、医生、工程师等。

（2）专业：更侧重于特定领域的知识、技能和理论体系的深化与掌握。专业通常指通过系统教育或训练（如高等教育、职业教育等）形成的知识领域或技能体系，如计算机科学、医学、机械工程等。

2. 两者的区别

职业与专业的区别如表 1-2 所示。

表 1-2 职业与专业的区别

维度	职业	专业
目标	社会分工与价值创造	知识体系与技能培养
属性	实践导向，解决现实问题	知识导向，构建理论体系
评价标准	绩效、成果、市场认可度	学术水平、研究能力、教育认证
变化速度	随产业升级快速迭代	知识更新较慢，注重基础稳固

3. 案例对比

一名“软件工程师”（职业）需掌握编程、团队协作等职场技能，其能力随技术趋势动态调整；“计算机科学与技术”（专业）则涵盖算法、数据结构等理论课程，知识体系具有长期稳定性。

（二）联系与关系

职业与专业是“能力供给”与“社会需求”的互动关系，专业为职业提供基础，职业为专业指明方向；二者并非严格绑定，但匹配度影响职业竞争力；在快速变化的职场中，专业是起点，职业是动态过程，需通过持续学习实现二者协同发展。

1. 两者的联系

（1）知识基础：专业为职业提供理论、技术和实践支撑。例如，医学专业是医生职业的知识基础。

（2）职业导向：某些职业直接对应特定专业（如律师需法学背景等），专业选择常影响职业方向。

（3）行业需求驱动：新兴职业（如人工智能工程师等）催生新专业（如人工智能专业等）；反之，专业发展也推动职业细分（如大数据分析师等）。

2. 两者的动态关系

（1）对口性。强对口：医疗、法律等职业需严格专业资质；弱对口：管理、销售等职业可跨专业进入。

（2）跨界融合。复合型职业（如产品经理等）需多专业背景（技术+设计+商业）；技术进步（如数字化转型等）使传统职业要求新专业知识（如会计需掌握数据分析)；需要终身学习：职业发展常需突破专业限制，通过培训、实践扩展技能（如程序员转型为AI工程师需补充机器学习知识)。

3. 现实案例

（1）专业延伸职业：土木工程专业→结构工程师。

（2）专业拓展职业：英语专业→跨境电商运营。

（3）职业倒逼专业：网络安全职业兴起→高校开设网络安全专业。

思考与实践

1. 列出你所学专业的核心课程，分析其可关联的职业方向。

2. 访谈一位从业者，总结其职业所需能力与在校专业学习的异同。

3. 设计一份个人规划表，整合未来5年的专业深造与职业发展路径。

七、职业的意义

职业作为人类社会的核心劳动形态，既是个人生存与发展的载体，也是社会分工与文明进步的基石。结合“工作、职业、事业”的递进关系及“职业与专业”的互动逻辑，职业的意义可从以下几个维度展开分析。

（一）职业的社会意义

1. 社会分工的枢纽

职业通过制度化的岗位分工（如医生、教师、工程师等）实现社会资源的高效配置，推动经济与技术的协同发展。例如，法律职业通过司法实践维护社会秩序，工程职业通过技术创新驱动产业升级。

案例：互联网行业的“产品经理”职业，整合技术、设计与商业需求，成为数字经济时代社会分工精细化与跨界协作的典型代表。

2. 专业知识的实践转化

职业是专业知识从理论向实践转化的关键桥梁。例如，医学专业的解剖学、药理学知识通过医生职业的临床诊疗行为转化为救死扶伤的社会价值。

案例：环境科学专业的学生通过从事环保工程师职业，将生态修复理论应用于污染治理项目，直接推动可持续发展目标。

（二）职业的个体意义

1. 生存保障与能力认证

职业为个人提供经济收入，满足物质生活需求（如工资、福利等），同时通过职业资质认证（如律师资格证、教师资格证等）确立个人社会身份与专业地位。

对比分析：

工作：短期劳动换取即时报酬（如兼职送餐员等）；职业：通过长期专业积累实现稳定收入与社会认可（如注册会计师等）。

2. 自我实现的阶梯

职业为个人提供从“工作”向“事业”跃迁的路径。例如，一名普通程序员（职业）通过技术深耕与创新，可能创立科技公司（事业），实现从“谋生”到“创造”的价值升华。

动态演进：

纵向递进：护士（职业）→ 护理专家（职业晋升）→ 医疗公益组织创始人（事业）；价值跃迁：从“解决个人温饱”到“推动行业变革”再到“影响社会福祉”。

（三）职业的动态意义

1. 专业与职业的协同进化

职业需求倒逼专业革新（如人工智能职业兴起推动高校开设人工智能专业），同时专业教育为职业提供人才储备（如大数据专业培养数据分析师）。二者形成“需求—供给”闭环，驱动知识经济时代的人力资源优化。

案例：传统会计职业因数字化转型，需融合数据分析（专业新增技能），催生“智能财务分析师”等新兴职业。

2. 职业作为终身学习的载体

职业发展要求个体持续突破专业边界。例如，市场营销职业从早期的广告策划（依赖传播学专业）演变为数字营销（需掌握编程与数据科学），体现职业对跨领域学习的刚性需求。

行动逻辑：职业竞争力 = 专业基础×跨界适应力×持续学习意愿。

（四）职业的终极意义

1. 职业是事业的孵化器

职业积累的专业资源（如人脉、技能、行业认知）为事业提供启动资本。例如，律师职业积累的司法经验与客户网络，可支持其创办法律援助机构（事业）。

辩证关系：职业为事业提供“燃料”，事业为职业赋予“方向”。

2. 职业精神与事业使命的融合

当职业行为与个人价值观深度契合时，职业就会升华为事业。例如：教师职业→教育公平倡导者（事业）；医生职业→公共卫生改革推动者（事业）。

核心逻辑：职业的意义从“谋生工具”转向“价值创造”，最终形成个人生命与社会文明的双向成就。

任务实施

实训

实训目标：通过情景模拟与案例分析，深化对职业本质、特征及社会价值的理解，培养职业认知能力与职业发展规划意识。

实训内容：职业认知情景实训（5 组情景，每组 2~3 人）。

【情景 1】职业起源与社会分工

任务：模拟“原始社会—农耕时代—工业革命”三个阶段的劳动场景，通过角色扮演分析技术变革如何催生新职业（如铁匠→机械工程师），并讨论社会分工对生产力发展的推动作用。

实施要点：

（1）制作简易道具（如石器、农具、机器模型等）；

（2）对比各阶段职业特征与技术要求；

（3）辩论：“若没有职业分工，现代社会能否存在？”

【情景 2】轨道交通职业功能解析

任务：以“城市轨道交通服务员”为例，通过岗位说明书拆解其社会生产服务属性。

（1）绘制职业功能思维导图（如安全、服务、应急、协调等）；

（2）模拟大客流应急场景，展示多岗位协作流程；

（3）设计乘客满意度调查问卷并分析结果。

【情景 3】职业升华路径设计

任务：为外卖骑手规划“工作→职业→事业”三级跃迁方案。

一级：优化配送效率（工作优化）；

二级：考取物流管理师资格（职业认证）；

三级：创立同城即时配送平台（事业创新）。

实施要点：

（1）制作职业发展路线图；

（2）角色扮演投资人路演项目；

（3）评估各阶段的资源需求与风险。

评分标准：

序号	评价项目	分数	评分记录		
1	学习准备	10	学生自评	组间互评	教师评分
2	知识理解	20			
3	参与讨论主动性	20			
4	沟通协调	20			
5	语言表达	20			
6	思维拓展	10			
总分		100			
注：评价满分为 100 分，85 分以上为优秀，75~84 分为良好，60~74 分为及格					

思考与实践

1. 职业的意义是否仅限于“社会分工”与“个人发展”？如何理解“自由职业者”“斜杠青年”等新型职业形态对传统意义的挑战？

2. 在人工智能替代部分职业的背景下，人类职业的独特性价值将如何重构？

单元 1. 2　城市轨道交通职业认知

问题导入

引导问题 1：为什么 19 世纪工业革命会催生城市轨道交通职业的诞生？

引导问题 2：《中华人民共和国职业分类大典（2022 年版）》将轨道交通职业分为专业技术人员、服务人员、生产制造人员三大类，这种分类如何体现社会分工的协作性？

引导问题 3："智能运维工程师"与传统"车辆检修工"的核心能力差异是什么？

引导问题 4：从"初级技术员"到"高级工程师"，职业晋升路径中持续学习的具体方向有哪些？

引导问题 5：在人工智能替代部分岗位的背景下，人类职业的哪些价值无法被技术取代？

知识准备

一、城市轨道交通职业发展历史

城市轨道交通的历史，是一部随着城市发展不断演进的变革史。19 世纪中叶，工业革命推动城市规模急剧扩张，交通拥堵问题凸显。1863 年，世界上第一条地铁——伦敦大都会地铁应运而生，它采用蒸汽机车牵引，开启了城市轨道交通的先河。此后，欧美众多城市纷纷效仿，地铁建设进入初步发展阶段。

20 世纪初，电力驱动技术的成熟让轨道交通迎来重大变革。1890 年，伦敦开通了第一条使用电力机车的地铁，其运行速度更快、噪声更小、污染更低，极大提升了运营效率和乘坐体验。这一时期，有轨电车已在许多城市广泛普及，成为城市交通的重要力量。

第二次世界大战后，城市化进程加速，城市轨道交通进入高速发展期。以日本为代表，为缓解大城市人口过度聚集带来的交通压力，大规模建设地铁网络。同时，轻轨、单轨等新型轨道交通形式相继出现，丰富了城市轨道交通的类型。

如今，城市轨道交通已遍布全球各大城市，技术上不断创新，如磁悬浮列车的应用，使速度实现质的飞跃。从最初的简单地下铁路到如今多元化、智能化的交通体系，城市轨道交通始终紧密契合城市发展需求，持续改变着城市的交通格局与人们的出行方式。

在世界的轨道交通历史中，我们见证了它在全球不同地域生根发芽、蓬勃发展的过程。从古老伦敦地下穿梭的第一条地铁，到遍布欧美的多样化轨道交通网络，再到亚洲其他国家各具特色的建设成果，世界轨道交通在不同文化、地理和经济条件下呈现出丰富的发展面貌。这些宝贵的经验和多样的模式，犹如一面面镜子，为后来者提供了无数参考。而在世界轨道交通发展的大舞台上，我国也积极参与其中，走出了一条独具特色的发展道路。我国轨道交通发展大致可分为四个阶段，每一个阶段都深深烙着时代的印记，承载着国人对便捷交通的不懈追求。现在，让我们把视角转向国内，深入探寻我国轨道交通的发展脉络。

（一）萌芽期（20世纪初至1949年）：职业雏形的诞生

1. 时代背景

20世纪初，有轨电车技术引入中国，1908年上海开通第一条有轨电车线路；城市化进程起步，城市交通压力初现，传统人力车与新兴机械运输工具并存。

2. 职业形态

（1）基础操作岗。电车司机：需掌握机械操控与简单故障排除技能；售票员：负责票务管理与乘客服务，多由识字工人担任。

（2）维护工种。轨道检修工：使用手工工具进行铁轨维护，技能依赖师徒传承；电力维护员：保障电车供电系统运行，需基础电气知识。

3. 特征分析

（1）技能单一性：职业培训以现场实操为主，缺乏系统化教育。

（2）规模局限性：全国从业人员不足千人，集中于上海、天津等租界城市。

（3）社会认知：被视为“新兴技术工种”，但社会地位低于传统手工业者。

4. 实际案例

1924 年北京电车公司成立，首批电车司机需赴法国接受 3 个月技术培训，成为中国早期轨道交通技术工人的代表。

（二）初步发展期（1950—1978 年）：计划经济下的职业体系构建

1. 时代背景

1953 年北京地铁规划启动，苏联援建，引入苏联地铁建设标准与技术规范；轨道交通被纳入“重工业优先”发展战略，职业培养由国家统一规划。

2. 职业体系升级

（1）技术岗位分化。信号工：负责机械联锁信号系统维护；接触网工：保障电力接触网安全，需高压电操作资质。

（2）管理岗位雏形。调度员：使用电话与纸质图表指挥列车运行；安全监察员：制定早期安全生产规范。

3. 教育体系

技工学校兴起。1956 年北京地铁技工学校成立，开设“车辆维修”“轨道电气”专业；理论课程占比 30%，重点强化机械制图、电工基础等实操技能。

4. 实际案例

1970 年北京地铁 1 号线通车时，全系统从业人员约 1200 人，其中技术工人占比 65%；技术工人月薪约 48 元，高于普通工人（36 元）但低于工程师（78 元）。

（三）高速发展期（1979—2010 年）：市场化改革与职业扩张

1. 时代背景

1984 年深圳地铁引入外资建设模式，经济改革推动职业标准国际化；技术引进，1995 年广州地铁 1 号线采用德国信号系统，催生新型技术岗位需求。

2. 职业结构变革

技术的升级催生了新职业的诞生，也对轨道交通员工的技能提出了新的要求。新旧职业及技能要求的变化如表 1-3 所示。

表 1-3 新旧职业及技能要求的变化

传统职业	新兴职业	技能升级要求
机械信号维护工	计算机联锁工程师	掌握 DOS 系统与继电器逻辑编程
人工售票员	AFC 系统管理员	熟悉磁票识别与数据库管理
手动轨道检测员	轨道探伤技术员	超声波检测设备操作认证

3. 教育体系转型

（1）高职院校扩招。2002 年《中华人民共和国职业教育法》修订，全国增设 23 所轨道交通高职院校。

（2）校企合作深化。上海申通地铁与同济大学共建“城市轨道交通学院”，推行“订单班”培养模式。

4. 实际案例

2008 年北京奥运会前，全国 10 个城市开通地铁，从业人员总量突破 50 万人；职业资格认证体系完善：2005 年原劳动部发布《城市轨道交通调度员国家职业标准》。

（四）智能化转型期（2011 年至今）：技术革命与职业重构

1. 时代背景

（1）全自动运行。2017 年北京燕房线实现无人驾驶，催生“智能运维工程师”岗位。

（2）大数据应用。2020 年广州地铁上线客流预测系统，需求“数据分析师”跨界参与。

2. 职业体系重构

（1）传统岗位升级。车辆检修工→预测性维护专家：需掌握机器学习算法与振动频谱分析；值班站长→智慧车站管家：统筹机器人清洁、人工智能客服与能源管理系统。

（2）新兴职业集群。数字孪生工程师：构建轨道系统虚拟镜像，要求BIM+GIS技术融合能力；碳中和规划师：设计低碳轨道系统，需精通LCA生命周期评估方法。

3. 政策与标准

（1）《中华人民共和国职业分类大典（2022年版）》：新增“城市轨道交通智能运维员”“轨道交通大数据分析师”等职业。

（2）“十四五”规划：要求2025年智能运维岗位占比超过30%，淘汰20%低技能重复性岗位。

4. 实际案例

深圳地铁联合华为培养“5G+轨道”复合人才，2023年其车载通信工程师需同时具备CCNP认证与列车控制协议知识；成都地铁设立“TOD综合开发事业部”，岗位需求从土木工程师扩展至商业策划师、客流分析师。

思考与实践

1. 对比伦敦地铁（1863年）与北京地铁（1969年）的职业发展路径，分析殖民历史与技术引进对职业体系的差异化影响。

2. 如果未来出现“太空轨道列车”，预测可能诞生的新职业及其能力要求。

3. 绘制你所在城市轨道交通职业变迁时间轴，标注关键技术与政策事件。

二、城市轨道交通职业与专业分类

（一）轨道交通职业分类

《中华人民共和国职业分类大典（2022年版）》作为全面梳理我国职业体系的权威文件，对轨道交通相关职业有着清晰且细致的归类。其中，轨道交通相关职业主要分布在第二大类（专业技术人员）、第四大类（社会生产服务和生活服务人员）和第六大类（生产制造及有关人员）之中。

在第二大类专业技术人员中，包含了众多与轨道交通紧密相连的关键职业。城市轨道交通线路规划师主要负责运用专业知识与先进技术，对城市轨道交通线路进行科学合理的规划与设计。从线路走向的确定，到站点位置的精准布局，都需要他们综合考虑城市的地理环境、人口分布、交通流量以及未来发展规划等诸多因素，为城市轨道交通搭建起稳固且高效的线路“骨架”，他们是保障轨道交通网络科学布局与可持续发展的核心专业技术人员。轨道交通车辆工程师的工作聚焦于轨道交通车辆的研发、设计与改进。他们通过深入研究车辆的动力学、电气系统、安全性能等方面，致力于打造性能卓越、安全可靠的轨道交通车辆，为乘客提供舒适且安全的出行工具，是推动轨道交通运载工具技术革新的重要力量。还有轨道交通供变电工程师，他们专注于轨道交通供变电系统的设计、维护与管理，确保电力供应的稳定与高效。从变电站的建设规划，到供电设备的日常巡检与故障排除，他们如同为轨道交通注入源源不断“血液”的守护者，保障整个轨道交通网络的电力支撑。

二维码3 轨道交通职业分类

第四大类社会生产服务和生活服务人员在轨道交通日常运营中发挥着不可或缺的作用。轨道交通列车司机处在直接操控列车运行的关键岗位，肩负着保障乘客安全、准点抵达目的地的重大责任。他们每天按照既定的运行时刻表，熟练操作列车的驾驶系统，时刻关注列车运行状态与线路情况，确保列车平稳、安全运行，是轨道交通运营服务的直接执行者。轨道交通车站站务员主要负责车站内的乘客服务工作。从引导乘客购票、进站、乘车，到处理突发情况，如乘客身体不适、设备故障等，他们用热情、专业的服务，为乘客营造便捷、有序的乘车环境，极大地提升了乘客的出行体验。此外，轨道交通票务员负责票务系统的日常运营与管理，包括车票的售卖、充值、退票以及票务数据的统计与分析等工作，确保票务流程的顺畅与准确，为轨道交通运营提供重要的财务支持。

第六大类生产制造及有关人员则为轨道交通的建设与维护提供了坚实的物质基础与技术保障。轨道线路铺设工奋战在轨道交通建设的一线，运用专业工具与施工技术，将一根根轨道精准铺设到位，确保轨道线路的平整度与稳定性，为列车的安全运行奠定基础。轨道交通设备维修工负责对轨道交通各类设施设备，如通信信号设备、机电设备、供电设备等，进行日常巡检、维护与维修。他们定期检查设备运行状态，及时发现并排除潜在故障，确保设备的正常运转，是保障轨道交通系统稳定运行的重要技术力量。还有轨道交通车辆装配工，他们在车辆制造工厂中将各种零部件按照设计要求进行精准装配，打造出完整的轨道交通车辆，其精湛的装配工艺直接影响着车辆的质量与性能。

本节将对《中华人民共和国职业分类大典（2022 年版）》中涉及的轨道交通相关职业，逐一展开详细列举与深入分析，力求为读者全面呈现轨道交通领域丰富多彩的职业生态，助力读者深入了解各职业的工作内容、技能要求以及在轨道交通体系中的重要价值与发展前景。

1. 第二大类：2（GBM20000）专业技术人员

中类：2-02（GBM20200）工程技术人员，指从事矿物勘探和开采，产品开发和设计、制造，建筑、交通、通信及其他工程规划、设计，组织和指导施工的技术人员。

小类 1：2-02-17（GBM20217）铁道工程技术人员指从事铁路研究、规划设计、运输组织、生产制造、试验检测、设备维护及管理的工程技术人员。

本小类包括如下职业。

（1）2-02-17-01 铁道运输工程技术人员：指从事铁路运输组织及客、货运营销规划、设计、管理和组织实施的工程技术人员。

（2）2-02-17-02 铁道机务工程技术人员：指从事铁路机务运用管理及机车和机务设备设计、维修、试验、检验、监造的工程技术人员。

（3）2-02-17-03 铁道车辆工程技术人员：指从事铁路车辆设计、试验检测、运用维修管理、生产技术指导的工程技术人员。

（4）2-02-17-04 铁道电务工程技术人员：指从事铁路通信、信号系统及设备设计、试验检验、运用运行、维护管理、生产技术指导的工程技术人员。

（5）2-02-17-05 铁道供电工程技术人员：指从事铁路牵引供电、自动闭塞供电技术和设备的设计、试验检测、维护管理、生产技术指导的工程技术人员。

（6）2-02-17-06 铁道工务工程技术人员：指从事运营铁路轨道、路基、桥隧等固定设施检测、监测、管理，指导养护维修的工程技术人员。

小类2：2-02-18（GBM20218）建筑工程技术人员。

本小类职业：2-02-18-11 铁路建筑工程技术人员，指从事铁路基础设施勘测、设计、检测、技术管理并指导施工的工程技术人员。

2. 第四大类：4（GBM40000）社会生产服务和生活服务人员

中类：4-02（GBM40200）交通运输、仓储物流和邮政业服务人员，指从事客运、货运等运输服务以及仓储和邮政服务等工作的人员。

小类：4-02-01（GBM40201）轨道交通运输服务人员，指从事铁路和城市轨道旅客运送以及铁路货物运输等工作的人员。

本小类包括如下职业。

（1）4-02-01-01 轨道交通列车司机：指驾驶轨道机车、动车组、城轨列车、城轨工程车，运输乘客和货物的人员。

（2）4-02-01-02 铁路列车乘务员：指从事铁路列车旅客旅行、安全、餐饮、卫生服务的人员。

（3）4-02-01-03 铁路车站客运服务员：指从事铁路旅客运输计划的编制、实施，组织、提供旅客购票、安检、候车、乘降服务工作的人员。

（4）4-02-01-04 铁路行包运输服务员：指从事铁路行李、包裹运输计划编制及运输作业的人员。

（5）4-02-01-05 铁路车站货运服务员：指从事铁路货物承运、装卸、检查、保管、交付及设备维护保养等工作的人员。

（6）4-02-01-06 轨道交通调度员：指从事轨道交通列车运行组织指挥工作的人员。

（7）4-02-01-07 城市轨道交通服务员：指从事城市轨道交通车站安全、行车、机电设备运行等工作的人员。

3. 第六大类：6（GBM60000）生产制造及有关人员

中类1：6-23（GBM62300）铁路、船舶、航空设备制造人员，指从事铁路、船舶、航空等运输设备及其他运输设备制造的人员。

小类：6-23-01（GBM62301）轨道交通运输设备制造人员，指从事铁路机车车辆、动车组、铁路专用设备及器材配件等轨道交通运输设备加工制造的人员。

本小类包括如下职业。

（1）6-23-01-01 铁路机车制修工：指使用工具和设备，制作、装配、检修、调试铁路机车、轨道吊车机械、电气等系统的人员。

（2）6-23-01-02 铁路车辆制修工：指使用工具和设备，制作、装配、检修、调试铁路车辆机械、电气等系统的人员。

（3）6-23-01-03 动车组制修师：指使用工具和设备，进行铁路动车组运行保障、入库（厂）检修及制造的人员。

（4）6-23-01-04 铁路机车车辆制动钳工：指使用工具和设备，制造、组装、检修、调试铁路机车、车辆制动装置的人员。

（5）6-23-01-05 道岔钳工：指使用工具和设备，制造、组装、修理铁路辙岔的人员。

中类 2：6-24（GBM62400）电气机械和器材制造人员，指从事电机、输配电及控制设备、电线电缆、光纤光缆、电池、家用电力及非电力器具、照明器具等电气机械和器材制造的人员。

小类：6-24-08（GBM62408）电气信号设备装置制造人员，指从事电控、通信、信号等轨道交通通信、信号设备加工制造的人员。

本小类职业：6-24-08-00 轨道交通通信信号设备制造工，指使用工具和设备，组装、调试、检验轨道交通通信、信号设备的人员。

中类 3：6-29（GBM62900）建筑施工人员，指从事建筑物、构筑物和土木工程建筑施工、安装、装饰装修等工作的人员。

小类 1：6-29-02（GBM62902）土木工程建筑施工人员，指从事铁路、道路、桥梁、隧道、港口、内河、水利工程等建筑施工的人员。

本小类包括如下职业。

（1）6-29-02-01 铁路自轮运转设备工：指驾驶、操作铁路自轮运转设备，进行铁路施工、维修作业及特种设备检修的人员。

（2）6-29-02-02 铁路线桥工：指使用工具和设备，进行铁路线路、桥涵、隧道及附属设施检测、施工、维修、保养、看管的人员。

（3）6-29-02-16 铁路综合维修工：指从事铁路线路、路基、桥涵、隧道、信号、牵引供电接触网及附属设备检测、施工、养护、维修的人员。

（4）6-29-02-17 城市轨道交通检修工：指使用制动测试台、车轮轮缘尺、红外热像仪、扭矩扳手、液压起道器等检测设备和维护工器具，检修及维护保养城市轨道交通设备和设施的人员。

小类2：6-29-03（GBM62903）建筑安装施工人员，指从事机械、电气、管道、锅炉、电力、轨道交通通信信号等工程建筑施工的人员。

本小类包括如下职业。

（1）6-29-03-09 轨道交通通信工：指使用工具和设备，进行轨道交通通信工程施工和设备、设施维护的人员。

（2）6-29-03-10 轨道交通信号工：指使用工具和设备，进行轨道交通信号工程施工和设备维护的人员。

中类4：6-30（GBM63000）运输设备和通用工程机械操作人员及有关人员，指从事公路、轨道交通、航空、水上运输设备和通用工程机械操作的人员及辅助人员。

小类：6-30-02（GBM63002）轨道交通运输机械设备操作人员，指从事铁路、城市轨道交通运输及调度、信号等工作的人员。

本小类包括如下职业。

（1）6-30-02-01 铁路车站行车作业员：指从事接发铁路列车及组织调车作业的人员。

（2）6-30-02-02 铁路车站调车作业员：指从事车列解体、编组、摘挂及取送作业的人员。

（3）6-30-02-03 机车调度值班员：指从事机车运用计划编制和组织的人员。

（4）6-30-02-04 机车整备员：指从事机车检查、保养、整备作业的人员。

（5）6-30-02-05 救援机械操作员：指操作起复、起重机械，进行机车、车辆起复、位移的人员。

（6）6-30-02-06 铁路试验检测设备维修工：指使用工具和设备，检修、维护、调试铁路机车、车辆试验和检测设备的人员。

（7）6-30-02-07 铁路电源工：指使用工具和设备，安装、操作、调试、维护、保养铁路电源设备的人员。

（二）轨道交通专业分类

城市轨道交通作为一个高度集成化且极为复杂的系统，融合了众多不同专业领域以及多样化的工种。从基础设施层面来看，它通常涵盖了承担列车运行载体功能的轨道线路，为乘客提供乘降、换乘等服务的车站；从运载工具角度，拥有承担人员运输任务的车辆；在保障系统稳定运行方面，具备维护检修基础以确保各设施设备处于良好状态，供变电系统为整个轨道交通网络提供持续稳定的电力支持，还有负责统筹调度、监控指挥的指挥控制中心。其日常运作绝非某一个部门或工种能够独立完成，而是高度依赖多部门、多工种之间紧密且精准的协同配合，任何一个环节出现问题都可能影响整个轨道交通系统的正常运转。

鉴于城市轨道交通系统的这种复杂性与协同性特点，我国在轨道交通相关专业设置方面进行了全面且细致的规划。充分考虑到不同环节、不同业务板块对专业人才的需求差异，特意设置了具备不同偏向的专业。这些专业各有侧重，有的专注于轨道线路的规划设计与施工维护，为轨道交通搭建稳固的“骨架”；有的聚焦车辆工程，致力于研发、制造性能卓越、安全可靠的轨道交通车辆；还有的在供变电专业方向发力，保障电力供应的稳定与高效，如同为轨道交通注入源源不断的“血液”。多样化专业设置可为城市轨道交通行业培育全方位、多层次的专业人才，有力推动我国城市轨道交通事业蓬勃发展。

在教育部发布的《职业教育专业目录（2021 年）》中，“50 交通运输大类”下的“5006 城市轨道交通类”中，设有 6 个专业，分别围绕轨道交通的工程施工、车辆、机电、通信信号、供配电及运营管理这六大关键方向。为让读者全方位了解城市轨道交通领域的专业布局，深度挖掘各专业潜藏的发展机遇与职业前景，本书将依次对各相关专业的培养目标、核心课程、就业面向、能力要求、职业证书及接续专业等具体信息展开详细列举与阐释。

1. 500601 城市轨道交通工程技术

（1）就业面向。面向城市轨道交通工程施工、工程检测、基础设施养护、工程项目管理等岗位（群）。

（2）培养目标定位。培养德智体美劳全面发展，掌握扎实的科学文化基础和轨道工程施工、工程检测、基础设施养护、工程项目管理等知识，具备轨道交通工程施工、监控量测、试验检测、养护维修、施工组织与管理等能力，具有工匠精神和信息素养，能够从事城市轨道交通工程勘测、线路设计、施工管理、质量检测、设施养护、安全管理等工作的高素质技术技能人才。

（3）主要专业能力要求。

①具有基本的城市轨道交通线路勘察设计的能力；

②具有土木工程材料试验和工程检测的能力；

③具有一般性城市轨道交通工程施工技术方案编制以及施工、检测、监测、维修的能力；

④具有基本的城市轨道工程质量验收与评定的能力；

⑤具有城市轨道交通工程施工管理与编制概预算的能力；

⑥具有城市轨道交通工程设施检测、养护、维修的能力；

⑦具有安全防护和质量管理的能力；

⑧具有相关数字技术和信息技术应用的能力；

⑨具有分析问题和解决问题的能力；

⑩具有探究学习、终身学习和可持续发展的能力。

（4）专业课程与实训。

①基础课程：工程力学、工程制图与CAD、城市轨道交通概论、BIM技术应用基础、土木工程材料、结构设计原理、土力学与地基基础、地铁轨道基础、城市轨道交通设备。

②核心课程：城市轨道交通工程测量、城市轨道线路设计、轨道与路基施工、桥梁施工与维护、隧道及地下工程施工、轨道线路养护与维修、工程检测与监测、城市轨道交通工程施工组织与概预算。

③实习实训：对接真实职业场景或工作情境，在校内外进行工程力学实训、

土木工程材料实训、轨道工程测量实训、轨道综合维修实训等。在城市轨道交通工程建设、城市轨道交通工程检测、城市轨道交通运营管理企业等单位进行岗位实习。

（5）职业类证书举例。

职业技能等级证书：城市轨道交通线路维护、建筑信息模型（BIM）。

（6）接续专业举例。

①高职本科专业：建筑工程、城市地下工程、高速铁路工程。

②普通本科专业：土木工程、城市地下空间工程、铁道工程。

2. 500602 城市轨道车辆应用技术

（1）就业面向。面向城市轨道交通及相关行业列车驾驶、车辆检测与维修等岗位（群）。

（2）培养目标定位。培养德智体美劳全面发展，掌握扎实的科学文化基础和车辆机械、车辆电气、行车组织等知识，具备列车驾驶、故障处理、突发事件处置、车辆状态检测、车辆维修等能力，具有工匠精神和信息素养，能够从事城市轨道交通列车驾驶、车辆检测与维修等工作的高素质技术技能人才。

（3）主要专业能力要求。

①具有城市轨道交通车辆机械系统检修、维护的能力；

②具有城市轨道交通车辆电气系统检修、维护的能力；

③具有城市轨道交通车辆制动系统检修、维护的能力；

④具有城市轨道交通车辆智能运维技术应用的能力；

⑤具有轨道列车多工况下行车的能力；

⑥具有列车牵引、制动、车门、辅助电源、信号、高压供电、服务设备等系统故障处理和设备、行车、自然、消防、公共安全等各类突发事件处置的能力；

⑦具有节能环保意识和安全生产的能力；

⑧具有分析问题和解决问题的能力；

⑨具有探究学习、终身学习和可持续发展的能力。

（4）专业课程与实训。

①基础课程：城市轨道交通概论、机械基础及机械制图、电工电子技术、电

气控制与 PLC 技术、列车运行管理与安全、城市轨道交通车辆构造、车辆检修工艺及生产组织。

②核心课程：城市轨道交通列车驾驶、城市轨道交通列车故障处理、城市轨道交通列车突发事件处理、城市轨道交通车辆机械系统检修、城市轨道交通车辆制动系统检修、城市轨道交通车辆电气系统检修。

③实习实训：对接真实职业场景或工作情境，在校内外进行列车驾驶、故障处理、突发事件处置、行车综合演练、车辆机械系统检修、车辆电气系统检修等实训。在城市轨道交通行业的运营企业、装备制造企业等单位进行岗位实习。

（5）职业类证书举例。

①职业资格证书：轨道列车司机职业资格证书。

②职业技能等级证书：城市轨道交通乘务、轨道交通车辆检修。

（6）接续专业举例。

①高职本科专业：铁道机车智能运用技术、轨道交通车辆工程技术。

②普通本科专业：轨道交通信号与控制、车辆工程。

3. 500603 城市轨道交通机电技术

（1）就业面向。面向城市轨道交通车站机电设备系统检修、自动化监控系统维护等岗位（群）。

（2）培养目标定位。培养德智体美劳全面发展，掌握扎实的科学文化基础和机械基础、电工电子基础、城市轨道交通车站机电设备及系统等知识，具备轨道交通车站机电设备系统运行维护、故障处理、安装调试等能力，具有工匠精神和信息素养，能够从事城市轨道交通车站站台门检修、自动售检票系统检修、电梯检修、给排水系统检修、综合监控系统维护等工作的高素质技术技能人才。

（3）主要专业能力要求。

①具有运用电工、钳工常用工具对城市轨道交通车站机电设备进行安装调试的能力；

②具有检修工具与软件操作、维保档案设立、设备日常检查维护的能力；

③具有机械、电气图纸识读与绘制，电气配线与机械装调的能力；

④具有检修城市轨道交通机电设备及分析与排除常见电气故障的能力；

⑤具有对车站机电设备系统控制器进行基本编程及自动化控制的能力；

⑥具有使用、维护及管理综合监控系统终端及附属设备的能力；

⑦具有应用绿色生产、环境保护、安全防护、质量管理相关知识的能力；

⑧具有分析问题和解决问题的能力；

⑨具有探究学习、终身学习和可持续发展的能力。

（4）专业课程与实训。

①基础课程：机械基础、电工基础、电子技术、识图与 CAD、PLC 电气控制技术、城市轨道交通概论。

②核心课程：城市轨道交通站台门系统检修、城市轨道交通自动售检票系统检修、城市轨道交通电扶梯系统检修、城市轨道交通消防与环控系统检修、城市轨道交通车站机电设备检修、城市轨道交通综合监控系统维护。

③实习实训：对接真实职业场景或工作情境，在校内外进行金属加工实训、电工电子实训、PLC 电气控制综合实训、城市轨道交通自动售检票系统综合实训、城市轨道交通站台门系统实训、城市轨道交通综合监控实训等。在城市轨道交通运营企业、城市轨道交通机电设备维保企业等单位进行岗位实习。

（5）职业类证书举例。

职业技能等级证书：轨道交通电气设备装调。

（6）接续专业举例。

①高职本科专业：城市轨道交通设备与控制技术、轨道交通智能控制装备技术、电气工程及自动化。

②普通本科专业：轨道交通信号与控制、电气工程及其自动化。

4. 500604 城市轨道交通通信信号技术

（1）就业面向。面向城市轨道交通通信与信号设备安装、通信与信号设备维护等岗位（群）。

（2）培养目标定位。培养德智体美劳全面发展，掌握扎实的科学文化基础和电工电子、计算机网络、通信信号及控制系统等知识，具备通信设备、信号设备检修和故障处理等能力，具有工匠精神和信息素养，能够从事城市轨道交通通信与信号设备安装、调试、检测、维修与养护等工作的高素质技术技能人才。

（3）主要专业能力要求。

①具有对信号基础设备、联锁设备进行安装维护及故障处理的能力；

②具有对通信传输系统进行安装、测试、检修及故障处理的能力；

③具有对列车自动控制系统中心机房信号设备、车载信号设备、地面信号设备进行安装维护及故障处理的能力；

④具有对无线通信系统、时钟系统、专用电话系统、闭路电视系统、广播系统、乘客信息系统进行维护及故障处理的能力；

⑤具有安装、测试、检修电源及接地系统的能力；

⑥具有应用专业信息技术和计算机网络技术的能力；

⑦具有分析问题和解决问题的能力；

⑧具有探究学习、终身学习和可持续发展的能力。

（4）专业课程与实训。

①基础课程：城市轨道交通概论、信号设备制图与 CAD、电工基础、电子技术基础、计算机网络技术、通信技术基础。

②核心课程：城市轨道交通信号基础设备维护、城市轨道交通联锁系统维护、城市轨道交通列车自动控制系统维护、城市轨道交通专用通信系统维护、通信传输系统维护、无线通信系统维护、城市轨道交通电源系统维护。

③实习实训：对接真实职业场景或工作情境，在校内外进行信号基础设备维护、联锁系统维护、列车自动控制系统维护、通信传输系统维护、电源系统维护等实训。在城市轨道交通行业的运营维保企业、运营企业培训基地等单位或场所进行岗位实习。

（5）职业类证书举例。

职业技能等级证书：城市轨道交通信号检修、城市轨道交通通信设备维护。

（6）接续专业举例。

①高职本科专业：城市轨道交通信号与控制技术、高速铁路信号控制技术、现代通信工程。

②普通本科专业：轨道交通信号与控制、通信工程。

5. 500605 城市轨道交通供配电技术

（1）就业面向。面向城市轨道交通供配电设备运维、牵引电力线路安装维护等岗位（群）。

（2）培养目标定位。培养德智体美劳全面发展，掌握扎实的科学文化基础和城市轨道交通供配电安全、系统组成、继电保护及综合监控等知识，具备正确使用仪器仪表、接触网（轨）施工及检修、供配电设备安装调试、系统信息化平台操作等能力，具有工匠精神和信息素养，能够从事城市轨道交通变电所运行维护、设备检修、接触网（轨）施工与检修、配电线路运行维护与检修等工作的高素质技术技能人才。

（3）主要专业能力要求。

①具有安全操作和正确使用电气设备的能力；

②具有检测、维护和调试城市轨道交通供配电设备的能力；

③具有维护和检修城市轨道交通接触网（轨）的能力；

④具有对城市轨道交通接触网（轨）进行施工设备选配、施工工艺编制、施工计划制订、施工组织与协调的能力；

⑤具有对城市轨道交通供配电设备进行故障分析与处理的能力；

⑥具有供配电系统设备运行状态监测、数字化管理平台使用及综合分析的能力；

⑦具有城市轨道交通供电系统绿色节能供电意识和标准化作业的能力；

⑧具有分析问题和解决问题的能力；

⑨具有探究学习、终身学习和可持续发展的能力。

（4）专业课程与实训。

①基础课程：城市轨道交通概论、电工基础、电子技术、电气 CAD、单片机技术与应用、电机与电气控制、轨道交通供电安全。

②核心课程：城市轨道交通供电系统运行与维护、城市轨道交通接触网运行与检修、城市轨道交通继电保护运行与检修、配电线路运行维护与检修、城市轨道交通电力综合自动化技术、高电压设备测试。

③实习实训：对接真实职业场景或工作情境，在校内外进行电工电子、电气

控制技术运用、单片机、变配电所运维、接触网运维等实训。在城市轨道交通企业等单位进行岗位实习。

（5）职业类证书举例。

职业技能等级证书：城市轨道交通变电检修、城市轨道交通接触网维护

（6）接续专业举例。

①高职本科专业：电气工程及自动化。

②普通本科专业：轨道交通电气与控制、电气工程及其自动化、电气工程与智能控制。

6. 500606 城市轨道交通运营管理

（1）就业面向。面向城市轨道交通客运服务、票务管理、客运组织、行车组织等岗位（群）。

（2）培养目标定位。培养德智体美劳全面发展，掌握扎实的科学文化基础和城市轨道交通客运组织、行车组织、应急处置等知识，具备车站设备（系统）运用、列车运行组织、车站管理与服务、突发事件处理等能力，具有工匠精神和信息素养，能够从事设备运用、乘客服务、票务事务处理、客流疏导、行车作业、突发事件应急处置等工作的高素质技术技能人才。

（3）主要专业能力要求。

①具有城市轨道交通车站运营设备的操作、监控及简单故障处理的能力；

②具有车站智能售检票系统运用、设备操作及票务事务处理的能力；

③具有车站客运设备运用、车站运作、客流组织的能力；

④具有车站服务设施设备运用、乘客事务处理的能力；

⑤具有车站行车设备在中央级控制、车站级控制状态下的列车运行组织的能力；

⑥具有城市轨道交通突发事件应急处置的能力；

⑦具有生物识别、无感支付等数字化技术工具使用和管理的能力；

⑧具有安全防护、监控和质量管理意识；

⑨具有探究学习、终身学习和可持续发展的能力。

（4）专业课程与实训。

①基础课程：电工基础、城市轨道交通线路与站场、城市轨道交通车辆基础、城市轨道交通通信与信号、城市轨道交通服务礼仪、城市轨道交通客运服务英语、城市轨道交通员工职业素养。

②核心课程：城市轨道交通机电设备运用、城市轨道交通票务管理、城市轨道交通客运组织、城市轨道交通客运服务、城市轨道交通行车组织、城市轨道交通应急处置。

③实习实训：对接真实职业场景或工作情境，在校内外进行电工基础、运营设备监控、客运服务、行车作业、车站运作综合演练等实训。在城市轨道交通车站、控制中心或具备车站和控制中心运营管理功能的虚拟仿真实习基地等场所进行岗位实习。

（5）职业类证书举例。

职业技能等级证书：城市轨道交通站务。

（6）接续专业举例。

①高职本科专业：城市轨道交通智能运营。

②普通本科专业：交通运输。

三、城市轨道交通职业发展前景

（一）行业发展趋势

1. 政策驱动与投资增长

中国“十四五”规划明确提出推进城市群和都市圈轨道交通网络化，未来5~10年仍是轨道交通建设高峰期；2023年全国地铁运营里程已超过1万千米，覆盖50+城市，每年新增里程约1000千米，带动大量就业需求；新基建、智慧交通、绿色低碳等方向成为行业升级重点。

2. 技术革新与智能化转型

自动驾驶、全自动运行系统（FAO）、智慧运维、BIM技术等逐步普及，催生新技术岗位需求；新能源轨道（如氢能源列车）、数字化调度系统、智能安检设备等技术推动行业升级。

3. 区域化与国际化发展

二、三线城市及中西部地区轨道交通建设提速，人才需求向非一线城市扩散；中国轨道交通企业参与“一带一路”海外项目（如雅万高铁、中老铁路），国际化人才需求增加。

（二）主要就业方向与岗位需求

1. 技术研发与工程类

岗位：轨道车辆设计工程师、信号系统工程师、BIM 技术员、新能源技术研究员。

需求：高端技术人才紧缺，尤其是复合型人才（如“机械+软件”背景等）。

2. 运营管理类

岗位：行车调度员、站务管理、客运服务、设备维护工程师。

需求：基层岗位需求量大，但竞争逐渐激烈；管理岗位需具备多岗位经验。

3. 新兴领域

智慧交通：数据分析师、人工智能算法工程师（客流预测、故障诊断）。

绿色能源：氢能源技术员、节能环保工程师。

安全与应急：网络安全专家、防灾减灾工程师。

（三）职业发展路径

1. 技术路线

初级技术员→专业技术主管→高级工程师/技术专家（需持续学习新技术）。

例：车辆维护员→车辆技术主管→车辆总工程师。

2. 管理路线

基层岗位（如站务员等）→部门主管→运营经理/项目经理（需综合能力与证书）。

例：调度员→调度中心主任→地铁公司运营副总。

3. 跨领域发展

向铁路、航空等大交通行业转型或转向轨道交通装备制造、智慧城市相关企业。

任务实施

实训

实训目标：通过情景模拟与案例分析，深化对城市轨道交通职业体系、发展规律及技术转型的理解，提升职业规划能力与行业适应性。

实训内容：职业分类论证、职业转型设计。

实训准备：2~3 人一组，针对以下三种情景设置任务实施方案（5 分钟）。

【情景 1】职业分类修订听证会

某市人社局计划在《中华人民共和国职业分类大典（2022 年版）》中新增“轨道交通人工智能运维工程师”职业，需论证其应归入第二大类（专业技术人员）或第六大类（生产制造人员）。请结合职业定义的技术性、社会性、规范性特征，分析其职业属性并提出分类建议。

任务要求：

（1）制作职业属性对比表（如核心技能、社会功能、行业标准等）；

（2）设计 3 分钟听证陈词；

（3）模拟听证会流程，分别扮演政府代表、企业技术主管、职业院校专家。

【情景 2】职业转型实验室

某地铁公司计划将传统“轨道检修工”升级为“智能运维预测师”。请结合职业发展史的智能化转型阶段，设计包含技能重构、设备升级、认证体系的转型方案。

任务要求：

（1）绘制技能升级路径图；

（2）设计“人机协同”操作手册；

（3）模拟向公司高层汇报转型方案，需引用《“十四五”智能运维岗位规划》政策。

评分标准：

序号	评价项目	分数	评分记录		
1	学习准备	10	学生自评	组间互评	教师评分
2	知识理解	20			
3	参与讨论主动性	20			
4	沟通协调	20			
5	语言表达	20			
6	思维拓展	10			
总分		100			
注：评价满分为100分，85分以上为优秀，75~84分为良好，60~74分为及格					

思考与实践

1.《中华人民共和国职业分类大典（2022年版）》将“轨道交通调度员”归入第四大类（服务人员），而“信号工程师”归入第二大类（技术人员）。分析这种分类如何体现“直接服务对象”与“技术支撑体系”的协作关系。

2. 绘制20世纪50年代“轨道检修工”与21世纪20年代“预测性维护专家”的技能对比雷达图，标注手工检测、机械制图、数字孪生、振动分析等技能点的消长轨迹，并解释技术迭代对职业能力的影响机制。

模块2　城市轨道交通职业选择

模块概述

本模块聚焦职业发展中的自我认知核心要素，系统解析智力、人格、性格、气质、兴趣五大维度对职业选择与发展的影响。通过经典理论与科学测评工具的学习，学生将掌握职业心理特质的分析方法，理解个体差异与职业岗位的动态匹配逻辑。结合城市轨道交通行业岗位需求，本模块强调通过自我特性诊断优化职业决策，培养基于职业素养提升的自我调整能力，为后续职业生涯规划奠定科学认知基础。

学习目标

- **知识目标**

1. 掌握智力分类及其对职业能力的影响机制。

2. 理解人格特性—职业因素匹配理论与人格类型—职业类型匹配理论的核心差异。

3. 熟悉性格四象限分类法及瑞士学者职业性格九分法。

4. 掌握气质类型与职业适应性关系。

5. 解析职业兴趣发展三阶段及其对职业稳定性的影响。

- **能力目标**

1. 能够通过卡特尔16PF量表评估人格特质，结合职业岗位需求提出匹配建议。

2. 能够设计气质类型观察量表，预测团队协作效能。

3. 能根据霍兰德职业兴趣代码，推荐轨道交通行业适配岗位。

4. 能针对性格测评结果，制定职业适应策略。

- **素质目标**

1. 培养客观认知自身心理特质的意识，接纳职业能力优势与局限，形成动态发展的职业观。

2. 能够辩证看待测评工具的局限性，避免标签化的职业决策。

3. 强化跨性格职业场景的适应能力。

4. 建立兴趣可塑性认知，在职业发展中主动探索潜能领域。

单元 2. 1 自我认知及职业测试

问题导入

引导问题1：智力在职业发展中扮演什么角色？它与“聪明程度”有何关联？

引导问题2：根据“人格特性—职业因素匹配理论”，如何在面试中通过自我特性分析说服雇主你适合某岗位？

引导问题3：若你的性格测评显示为“表现型”，但希望从事“常规型”职业（如行政文员），如何通过自我调整实现职业适应？

引导问题4：如何通过“观察法”判断同事的气质类型？这对团队协作有何实际意义？

引导问题5：若你对“物质兴趣”与“精神兴趣”存在冲突，如何平衡职业选择？

知识准备

一、智力

所谓智力，是指人认识客观事物并运用知识解决实际问题的能力，也就是人的聪明程度。智力，作为人的基本能力，也被看作一般能力。

能力可分为一般能力和特殊能力。一般能力是完成各种活动都必须具备的某种能力，主要包括注意力、观察力、记忆力、思维力、想象力等。特殊能力是在某些专业和职业活动中表现出来的能力，它在职业活动中体现为言语能力、数学能力、音乐能力、机械操作能力、绘画能力、飞行能力等，这些能力是完成某些特定职业活动必须具备的能力。然而，各种能力并不简单地并列存在，而是相互联系、相互影响、相互融合的，各种能力的最完备的结合，才能使人创造性地完成某种或多种活动。

二维码 4　能力的定义

（一）智力的主要分类

心理学家在分析智力结构时，一般都承认其包括感知力、记忆力、思维力、想象力这四个基本方面。感知力包括观察力和注意力，思维力则可以分为判断力、思考力或者逻辑思维、逻辑推理能力。

在智力的四要素中，感知力是智力的初始环节。外界事物是通过人的感官进入大脑的。如果一个人的感知力差，不能从外界及时、准确地取得信息，他就不能正确地进行思维。记忆在智力活动中如同电子计算机的存储器，它把从外界感知的信息进行分类整理，分别将其存入大脑细胞之中。思维是智力活动的核心内容，包括归纳、概括、抽象、类比、具体化、判断、演绎推理等多种能力。显然，在智力之中，思维力是最重要的，人们说的“聪明”，主要也是指思维能力强。想象力好像是智力活动的“翅膀”，是某个人想别人未想、做别人未做，标新立异，制造出以往没有的新鲜事物，即能够进行创造性活动的能力。因此可以说，想象力也是智力的一项高级内容。四种智力要素在人们头脑中的不同搭配、不同组合，就是智力的结构。有的学者在这四种智力要素之外还加上社会智力或者实践能力。

人们所从事的活动，一般来说都是社会活动，也就是直接、间接地和人打交道的活动。因此人们从事自身的活动，往往要求具备一定的涉及他人的能力，通过这种能力使该活动能够按照预定的方案进行，从而达到预期的目标。许多学者注意到“智力”范畴在社会应用中的局限性，因而提出了社会智力的范畴。有的学者把经典性的智力称为“智力Ⅰ”，把社会智力称为“智力Ⅱ”。社会智力包括以下内容：计划能力或规划能力、决策能力、组织能力或协调能力、沟通能力、说服能力、管理能力。

（二）智力测评的方法

每个人的智力水平都不一样，智力的高低可以通过智力测评来测试。一般能力测评也叫智力测评，是用一定的智力测量表来衡量人的智力发展水平高低的科学方法或手段。桑代克认为智力有三种类型，一是社会智力，即了解他人以及和他人相处的能力；二是具体智力，即了解事物、应用技术或科学的能力；三是抽象智力，即了解文字、应用文字与数学符号的能力。由于智力被认为是个体行为的一般能力，因此可以从各种不同心智活动中取样来对其进行测量。常见的测验形式分别是从常识、算术、理解、词汇解释、译码、图画补缺、图片排列、字句重组、增补数学序列、对比、类推、完成句子、立体图形分析、平面几何图形分析等内容进行测评。

智力测量在世界各国早已有之，我国古代就有七巧板、九连环等测量智力的工具。首先用科学方法把测验编制成量表来测量个人智力的，是法国心理学家比奈。1905 年比奈和西蒙合作编制了世界上第一个智力测量表，即比奈—西蒙智力测量表。目前国际上常用的智力测评方法是斯坦福—比奈智力测量表。1905 年比奈和西蒙为了鉴定低能儿童编制了一套智力测验，称为“比奈—西蒙智力测量表”。比奈—西蒙智力测量表发明后，被世界各国广泛使用，其中最负盛名的是美国斯坦福大学的心理学家推孟的修订表，被称为“斯坦福一比奈智力测量表”（S-B 量表）。该量表于 1916 年出版，又经 1937 年、1960 年和 1972 年三次修订，成为国际上最有影响的量表。1924 年，我国心理学家陆志韦将 1916 年的 S-B 量表修订成“中国比奈—西蒙智力测验量表”，后经两次修订，成为中国的比奈智力测验量表。

在斯坦福—比奈量表中，推孟首次引用智商的概念来表示智力测量的结果。智商是智力年龄与实际年龄之比，为避免出现小数，将商数乘以 100，其公式为：

$$智商（IQ）=［智力年龄（MA）/实际年龄（CA）］\times 100$$

这种智商称为比率智商，其中，智力年龄是利用被试者所通过的测验项目来计算的。智力测验的项目是按年龄分组编制的。每个年龄组的测验都由 6 个项目组成，内容包括绘画、折叠、给单词下定义、判断词义、回忆故事、进行推理活动等多个方面。随着年龄的上升，项目的难度也逐渐增加。被试者通过一个项目代表两个月的智龄，以 1/6 计。例如，一个实际年龄为 5 岁的儿童，通过了 6 岁的全部题目，那么他的智力年龄就是 6，其智商为 6/5×100=120。表 2-1 为智力分类。

表 2-1　智力分类

智商	类别
140 以上	天才（Genius）
121~140	上智（Very Superior）
111~120	聪颖（Superior）
91~110	中才（Average Intelligence）
81~90	迟钝（Dull）
71~80	近愚（Borderline Case）
51~70	低能（Moron）
25~50	无能（Imbecile）
25 以下	智障（Idiot）

斯坦福—比奈智力量表的测量有一定的局限性，因为这种测量是以假定的智力年龄与实际年龄一起增长为基础的，但事实上并非完全如此。儿童在达到一定年龄之后，他们的智力年龄就不再随实际年龄增长，而稳定在一定水平上，到老年还可能衰退。在这种情况下，再用智商表示一个人的智力水平，将出现智力低下的情况。因此，斯坦福—比奈智力量表主要适用于 3~11 岁的儿童。

（三）智力对职业素养的影响

智力对职业素养的影响是通过对职业的影响来间接反映的，具体的形式我们以韦克斯勒成人智力测量为例来进行论证。

韦克斯勒成人智力量表主要用于测量年龄为 16~64 岁的成人智力，如表 2-2 所示。该量表由言语和操作两个部分组成，分别给予计分。言语部分包括常识、背数、词汇、算术、理解、类同 6 个测验，操作部分包括填图、图形排列、积木图案、图形拼凑、数字符号 5 个测验。

表 2-2 韦克斯勒成人智力量表

测验的内容		测试的能力
言语量表	常识	知识的广度，一般学习能力及对日常事物的认识能力
	背数	注意力和短时记忆力
	词汇	言语理解能力
	算数	数字推理能力、计算和解决问题的能力
	理解	判断能力和理解能力
	类同	逻辑思维和抽象概括能力
操作量表	填图	视觉记忆能力、认知能力、视觉理解能力
	图形排列	知觉组织能力和对社会情景的理解能力
	积木图案	分析综合能力、知觉能力及空间关系辨认能力
	图形拼凑	概括思维能力、知觉组织能力及处理局部与整体关系的能力
	数字符号	一般学习能力、知觉辨认能力及灵活性

韦克斯勒智商的计算方法是用离差智商的概念代替比率智商，公式为：

$$IQ=100+15Z，Z=（X-x）/S$$

公式中，Z 代表标准分数，X 代表个体测验分数，x 代表团体平均分数，S 代表团体标准差。只要知道了被测者的测验分数、团体分数和团体标准差，就可以用上述公式计算出他的离差智商。例如，某个年龄组平均分数为 70 分，标准差为 10 分，某甲测验得 90 分，他的标准分数为+2，智商为 130；某乙测验得 60 分，他的标准分数为-1，智商为 85。

二、人格

从心理学的角度看，人格是一个非常重要的领域。即使一个人具有非常高的智力水平，具有相当出色的各种能力，也不能保证职业生涯的顺利、事业的成功。因为除了智力、能力因素之外，还有很多其他影响因素，非智力因素就是很重要的内容。例如，“情商”就是受到普遍关注的因素，人们说“智商是就业的条件，情商是晋升的前提”。实际上，情商包括人们的人格特征（包括个性与情感）、人际关系能力和“意志”等其他非智力因素的心理品质，是一个相当广泛的范畴。

（一）人格的特质

心理学是研究人类差异的科学，人格则是心理学“永恒的主题”。人们谈到一个人时，经常说“内向”或者“外向”，这就是人们心理特征的倾向性，也称为“向性”或“性向”。一个人心理活动倾向于内部的，即内向的个性；一个人心理活动倾向于外部的，即外向的个性。这种向性为心理学研究、测量及应用所高度关注的对象。对于人的向性，除了上述作“内向、外向”的划分外，还有按血型、体态、心理机能中的优势因素、文化（价值观）类型进行分类的，本书不述。

向性一般可以分为以下三类。

1. 内向型

具有内向型特性的人，重视主观世界，内心世界丰富，经常沉浸在自我欣赏和幻想中。他们沉着，安静，处事谨慎，深思熟虑，计划性、规律性、安定性、逻辑性、周密性强，而应变能力差，不善于交际。他们在工作上、学习上善于思考，但视野狭窄，容易产生自卑感。

2. 外向型

具有外向型特性的人，经常对外部世界表示关心。他们开明活泼，感情外露，自由奔放，做事当机立断，不拘小节，具有独立性、活动性、协调性、现实性、开放性、灵活性强的特点。他们在工作、学习上反应较快，但往往从兴趣、情感出发，缺乏计划性和坚持性。

3. 中间型

从最基本的角度看，人的向性分为内向和外向两个类别，但是实际上有些人的内向或外向的特点并不明显，而是内向、外向的程度差不多，因此可以说还有一种中间型。中间型实际上是一种过渡形态。从内向型到中间型，再到外向型，这是一个连续的过程。

（二）人格对职业素养的影响

人与职业是相互关联的一对范畴，个人进行职业选择的同时，也就是职业对于个人的选择。要较好地完成职业选择，必须以两者相互一致、相互适应、相互匹配为前提。人与职业匹配的理论，可以分为“人格特性与职业因素匹配”和“人格类型与职业类型匹配”两种。

1. 人格特性对职业素养的影响

人格特性—职业因素匹配理论的基础是人格特性理论。人格特性理论认为，人格可以划分为若干种特性，每一特性都是人所共有的，但不同人在同一特性方面的强度或水平是不同的。不同的人有不同的人格特性结构，因而就有了人格的差异。关于人格特性的划分，有着不同的理论，影响较大的是阿尔波特的理论和卡特尔的理论。

美国著名社会心理学家和人格心理学家阿尔波特的人格理论，将人格的特性分为支配、自我扩张、坚持、外倾（外向）、对自己能批评、自炫、合群、利他、社会智力水平、对理论的兴趣、对经济的兴趣、对艺术的兴趣、对政治的兴趣、对宗教的兴趣 14 项，并与人的生理心理基础方面的 7 项特征合并成 21 个项目，制成心理图示评定量表。量表的每一项都区分为 11 个等级的答案，即从-5 至 0，再至+5。阿尔波特还将这些特性分为共同特性和个人特性两种。个人特性具有独特性，为个人所独有，代表了不同个人的特定行为倾向。个人特性又可以分为主要特性、中心特性和次要特性 3 种类型。

卡特尔发展了阿尔波特的理论，把人格特性分为表面特性与根源特性。根源特性是人格中相当稳定和持久的基本特性，包括乐群性、聪慧性、稳定性、好强性、兴奋性、有恒性、敢为性、敏感性、怀疑性、幻想性、世故性、忧虑性、激进性、独立性、自律性、紧张性 16 项，这就是卡特尔 16*PF* 学说。根据一个人在这些项目上的不同水平，可以判断该人的人格特性总体状况。卡特尔的研究发现，人的根源特性在其职业方向、婚姻关系方面都有明显的影响。

所谓人格特性—职业因素匹配理论，指的是依据人格特性及能力特点等条件，寻找具有与之对应因素的种类的职业选择与指导的理论，也称“特性—因素匹配理论”。该理论是由职业指导的创始人、美国波士顿大学教授帕森斯创立的。

这一理论认为，每个人都有自己独特的人格特性与能力模式，这种特性和模式与社会某种职业的实际工作内容及其对人的要求之间有较大的相关度。个人进行职业选择以及社会对个人职业选择进行指导时，应尽量做到人格特性与职业因素的接近和吻合。这种匹配过程包括以下三个步骤。

一是特性评价。特性评价是指对将要选择职业的人的各种生理、心理条件以及社会背景进行的评价。具体地说，包括对常规性身体与体质检查、能力测验（尤其是职业能力测验）、兴趣测验、人格测验、学业成绩、家庭经济收入、父母职业、家庭文化背景等多方面的材料，作出综合评价。

二是因素分析。因素分析是指职业对人的要求的各项因素进行的分析，包括各种职业（职位、职务）的不同工作内容，它们通过对人的不同生理、心理、文化等条件的要求等进行分析，使个人有了较明确的选择目标。

三是二者匹配。二者匹配是指把对个人的特性评价与对职业的因素分析结果进行对照，从而使人能够寻找到自己适于从事的职业。

2. 人格类型对职业素养的影响

人格在一定意义上是对社会刺激的反应，是人与环境、与社会互动的反应。人格类型的划分及其理论，比人格特性论简明方便，是人们进行职业选择及职业定向时所常用的。

人格类型—职业类型匹配理论是将人格与职业均划分为不同的大的类型，当属于某一类型的人选择了相应类型的职业时，即达到了匹配。社会对个人择业的指导，也就是要达到人格类型与职业类型的匹配。

人格与职业类型的匹配可以从多方面进行。这一思路还可以扩大到气质与职业匹配、向性与职业匹配、兴趣与职业匹配、价值观与职业匹配等方面。实际上，新的心理学家和职业问题专家对上述多方面的匹配进行着研究与职业指导实践，如抑郁质的人较适于从事研究工作，胆汁质的人较适于当经理。

美国职业指导专家霍兰德提出的人格与职业类型匹配学说，成为沿用至今、一直被公认为有效的重要理论和方法。霍兰德从心理学价值观理论出发，经过大量的职业咨询指导的实例积累，提出了职业活动意义上的人格分类，包括现实型、调研型、艺术型、社会型、企业型、常规型6种基本类型，相应地，社会职业也分为上述6种基本类型。

霍兰德关于人格与职业的类型，具体内容包括如下。

一是现实型。现实型也称实际型。属于现实型人格者，喜欢从事技艺性的或机械性的工作，能够独立钻研业务、完成任务，长于动手并以“技术高”为荣。其不足之处是人际关系能力较差。属于这一类型的职业主要有飞机机械师、机器修理工、电气师、自动化技师、电工、木工、机床操作工（车工、钳工等）、机械工、制图员、农民、*X*光机技师、鱼类专家、火车司机、长途汽车司机等。

二是调研型。调研型也称调查型、研究型或思维型。属于调研型人格者，喜欢思考性、智力性、独立性、自主性的工作。这类人往往有较高的智力水平和科研能力，注重理论。其不足之处是不重视实际，考虑问题偏于理想化，领导他人、说服他人的能力较弱。属于该类型的职业主要有科研人员、技术发明者、计算机程序设计师、实验员、科学报刊编辑、科技文章作者、天文学家、地质学者、气象学者、药剂师、植物学者、动物学者、物理学者、化学家、数学家等。

三是艺术型。属于艺术型人格者，喜欢通过各种媒介表达自我的感受（如绘画、表演、写作等），其审美能力较强，感情丰富且易冲动，不顺从他人。其不足之处是往往缺乏做文书、办事员之类具体工作的能力。属于该类型的职业主要有作曲家、画家、作家、演员、记者、诗人、摄影师、音乐教师、编剧、雕刻家、室内装饰专家、漫画家等。

四是社会型。社会型也称服务型。属于社会型人格者，喜欢与人交往，乐于助人，关心社会问题，常出席社交场合，对于公共服务与教育活动感兴趣。其不足之处是往往缺乏机械能力。属于该类型的职业主要有社会学家、福利机构工作者、社会工作者、咨询人员、理疗医生、社会科学教师、学校领导、导游、精神病工作者、公共保健护士等。

五是企业型。企业型也称决策型或领导型。属于企业型人格者，其性格外向、直率、果敢、精力充沛，自信心强，有支配他人的倾向和说服他人的能力，敢于冒险。其不足之处是忽视理论，自身的科学研究能力也较差。属于该类型的职业主要有厂长（经理）、营销员、采购员、饭店经理、律师、政治家、校长、广告宣传员、调度员等。

六是常规型。常规型也称传统型。属于常规型人格者，喜欢从事有条理、有秩序的工作，按部就班、循规蹈矩、踏实稳重，讲求准确性（如数字资料），愿意执行他人命令、接受指挥而不愿独立负责或指挥他人。其不足之处是为人拘谨、保守，缺乏创新。属于该类型的职业主要有记账员、会计、银行出纳、法庭速记员、成本估算员、税务员、核对员、打字员、办公室职员、统计员、计算机操作者、图书资料及档案管理员、秘书等。

显而易见，每一种类型的人都有自己的特点和长处，也有一定的短处，从全面的角度来看以及从人的心理差异的角度来看，无所谓哪一种人格类型好些、哪一种不好些，而只有与职业类型是否协调、匹配的问题。不同人格匹配不同职业，从而影响职业素养，我们不能孤立地看待人格对职业素养的影响，所以人格对职业素养的影响都需要以不同职业为前提，辩证地看。但是，社会中的人是复杂的，往往不能用一种类型来简单概括，而是兼有多种类型，即以一种类型为主，同时具备多种类型的特点。因此，职业问题专家提出若干种中间类型或同时具备多种类型特征的职业类型群方法。

三、性格

（一）性格的定义及性格差异的表现

每个人都是独一无二的，有的人做事雷厉风行，有的人做事慢条斯理，有的人机智灵活，有的人爱钻牛角尖，有的人内心坚韧，有的人内心脆弱，这些差异就是性格。一个人在个性上的差异也会对职业的适宜度有很大的影响，在和自身的职业相吻合的情况下能够使自身的能力得到有效、充分的发挥，相反则可能造成才能的浪费或者是需要付出更大的努力才能够取得成功。

所谓性格，指的是人相对稳定的对于现实的态度和与之相应的习惯化行为方式。性格是人在社会实践中逐渐形成的，并对人的言语行为产生较大的影响，其包含多种特征，成为相对统一的整体。人与人之间的性格差异主要表现在以下五个方面。

1. 性格的态度特征

在对待社会、集体、他人的态度上，在对待工作、劳动、学习的态度上以及在对待自己的优点和缺点的态度上各不相同。

2. 性格的气质特征

每种类型的气质都可以形成不同的性格，胆汁质、多血质、黏液质、抑郁质的人各有特色。

3. 性格的理性特征

表现在以思维为核心的智力活动上，如主观性与客观性、主动性与被动性、精细性与粗略性、深刻性与肤浅性、广阔性与狭隘性、严谨性与轻率性等差异。

4. 性格的情绪特征

反应有快有慢，体验有深有浅，表现或强或弱，保持或长或短，以及心平气和与焦躁激怒、乐观开朗与抑郁低沉、慷慨激昂与冷淡消沉等差异。

5. 性格的意志特征

独立性与依赖性、自觉性与盲目性、果断性与犹豫性、坚持性与动摇性、自律性与任性、勇敢与怯懦、顽强与脆弱等差异。

（二）性格的分类

人有不同的性格类型。性格的类型是指一类人身上所共有的性格特征的独特结合。按一定原则和标准把性格加以分类，有助于了解一个人性格的主要特点和揭示性格的实质。由于性格结构的复杂性，在心理学的研究中至今还没有大家公认的性格类型划分的原则与标准。现将有代表性的观点加以简介。

1. 以心理机能优势分类

这是英国的培因和法国的李波特提出的分类法。他们根据理智、情绪、意志三种心理机能在人的性格中所占优势的不同，将人的性格分为理智型、情绪型、意志型。理智型的人通常以理智来评价周围发生的一切，并以理智支配和控制自己的行动，处事冷静；情绪型的人通常用情绪来评估一切，言谈举止易受情绪左右，这类人最大的特点是不能三思而后行；意志型的人通常行动目标明确，主动、积极、果断、坚定，有较强的自制力。除了这三种典型的类型外，还有一些混合类型。在生活中大多数人是混合型。

2. 以心理活动的倾向分类

这是瑞士心理学家荣格的观点。荣格根据一个人里比多的活动方向来划分性格类型。里比多指个人内在的、本能的力量。里比多活动的方向可以指向内部世界，也可以指向外部世界。前者属于内倾型，其特点是处事谨慎，深思熟虑，交际面窄，适应环境能力差；后者为外倾型，其特点是心理活动倾向于外部，活泼开朗，活动能力强，容易适应环境的变化。这种性格类型的划分在国外已应用于教育和医疗等实践领域。但这种类型的划分仍没有摆脱气质类型的模式。

3. 以个体独立性程度分类

美国心理学家威特金等人根据场的理论，将人的性格分成场依存型和场独立型。前者也称顺从型，后者又称独立型。场依存型的人倾向于以外在参照作为信息加工的依据，他们易受环境或附加物的干扰，常不加批评地接受别人的意见，应激能力差；场独立型的人不易受外来事物的干扰，习惯于更多地利用内在参照物判断自己的认识，他们具有独立判断事物、发现问题、解决问题的能力，而且应激能力强。由此可见，这两种人是按两种对立的认知方式进行工作的。

4. 以人的社会生活方式分类

德国心理学家斯普兰格从文化社会学的观点出发，根据人认为哪种生活方式最有价值，把人的性格分为 6 种类型，即经济型、理论型、审美型、宗教型、权力型、社会型。

经济型：一切以经济观点为中心，以追求财富、获取利益为个人生活目的。实业家多属此类。

理论型：以探求事物本质为人的最大价值，但解决实际问题时常无能为力。哲学家、理论家多属此类。

审美型：以感受事物美为人生最高价值，他们的生活目的是追求自我实现和自我满足，不大关心现实生活。艺术家多属此类。

宗教型：把信仰宗教作为生活的最高价值，相信超自然力量、相信永存生命，以爱人、爱物为行为标准。神学家是此类人的典型代表。

权力型：以获得权力为生活的目的，并有强烈的权力意识与权力支配欲，以掌握权力为最高价值。领袖人物多属于此类。

社会型：重视社会价值，以爱社会和关心他人为自我实现的目标，并有志于从事社会公益事业。文教卫生、社会慈善等职业活动家多属此类型。

现实生活中，往往是多种类型的特点集中在某个人身上，但是常常以一种类型特点为主。

（三）性格对职业素养的影响

不论哪一种性格，都是在一定的社会历史条件下，在长期的社会实践中逐步形成的。职业劳动是性格的重要成因之一，不同的职业造就不同的性格特征。性格不是先天赋予的，而是在先天素质的基础上通过家庭、教育和社会环境的影响以及人的自身积极活动，才逐渐形成的。但性格一经形成就比较稳固，这种比较稳定的对现实的态度和行为方式贯穿在人的全部行为活动中。

即使如此，性格仍然是可以改变的，人们通过实践活动的磨炼和自我修养，亦可改变或发展自己的性格以符合职业的要求。人为了能够更好地适应环境，其性格特征或多或少地会随着生活的变化而在某种程度上发生相应的变化，这就是性格特征的可塑性。这种性格的改变并不都是消极被迫的，人一旦意识到现实的要求，就可以自觉塑造自己的性格。

性格与职业间具有十分密切的关系。性格是人在社会活动中由自然环境和社会环境交互作用产生的，对于人、事、物形成一定的态度，能够反映人的价值观，并对其行为方式造成很大影响。职业选择能够反映出人的性格特点，可被看作人的性格延伸。

人在进行职业选择时，很大程度上受到性格的影响，依据自身的性格特点选择符合自身要求的职业。如果人在职业选择时无法做到性格与职业的有效匹配，甚至出现矛盾与冲突，则会造成其在职业发展上的巨大阻碍，还会严重影响其工作表现，如出现精神紧张和烦躁，且缺乏兴趣和集中力等问题。因此，要想充分发挥个人潜能，实现自身的价值，就应当做好性格与职业的匹配。

性格是人的态度和行为方面比较稳定的心理特征，是指一个人在生活中形成的对现实的稳固的态度以及与之相应的行为方式，是个性或人格的重要组成部分，是个性最鲜明的表现，是个性心理特征中的核心特征。性格不仅与气质、智力（综合性能力）的关系非同一般，而且具有情感特征和意志特征。

性格不但受遗传因素的影响，更为重要的是，环境是性格发展形成的一个决定性因素。环境的作用主要是通过家庭、学校、社会活动圈子以及工作实践来发生效应的，而且包括的范围很广。它作为个性中具有核心意义的成分，几乎涉及人的心理过程和个性特征的各个方面。由于性格不同，每个人对待工作和职业的态度也不同，性格对人的事业能否成功具有重大影响。在选择职业时，应根据自己的性格，选择适合的职业和工作。

职业心理学的研究表明，性格影响着一个人对职业的适应性，而人对职业的适应性很大程度上决定了一个人职业素养的高低。选择职业要考虑性格的职业品质，尽量选择适合自己性格特点的工作，这样才能在今后的职业中更好地发挥自我价值，满足职业素养的要求。无论哪种职业都会对人的性格提出特定的要求，要适应这一职业就必须具备这一职业要求的性格特征。一个人在考虑和选择职业时，不仅要考虑自己的兴趣和能力，还要考虑自己的职业性格特点，从而根据自己的性格特点选择最易适应的职业，或者改变自己的性格特点来适应职业的要求。

从瑞士心理学者对性格的四分法可以看出，每一类性格都有与之相适应的职业范围，同时有其需要具备的特殊职业素养。

一是敏感型。这类人精神饱满，好动不好静，办事喜欢速战速决，但行为常有盲目性，有时情绪不稳定。这类人最多，约占40%，合适的职业范围包括运动员、行政人员及一般性职业。此类职业一般要求从业者具有灵活的办事速度，行为的针对性较强。

二是情感型。这类人感情丰富，喜怒哀乐溢于言表，不喜欢单调生活，爱刺激，爱感情用事，对新事物很有兴趣。这类人约占25%，合适的职业范围包括演员、导游、活动家、护理人员等。

三是思考型。这类人善于思考，逻辑思维发达，有比较成熟的观点，生活、工作有规律，时间观念强，重视调查研究的精确性，但有时思想僵化，缺乏灵活性。这类人约占25%，合适的职业范围包括工程师、教师、财务人员和数据处理人员等。此类职业要求从业者拥有较高的专业知识素养。

四是想象型。这类人想象力丰富，憧憬未来，喜欢思考问题，有时行为刻板，不易合群。这类人约占10%，合适的职业范围包括科学工作者、技术研究人员、艺术工作者和作家等。

瑞士学者确定的不同性格类型的人数比例不一定符合我国的实际，但在性格类型与职业范围匹配上，对我们有启迪作用。

根据个体的性格特征来设计职业岗位，将具有不同性格的人分配从事不同的职业可以充分发挥每个人的优势，有助于培养、发展相应的职业性格。个人的不同性格特征，对企业而言，决定了每个员工的工作岗位和工作业绩；对个人而言，决定着自己的事业能否成功。近年来，一些教育学、心理学研究人员根据我国的实际情况，将职业性格分为九种基本类型。

一是变化型。这些人在新的和意外的活动与工作环境中感到愉快，喜欢经常变化的职业。他们追求多样化的活动以及那些能将其注意力转移的工作情景。适合从事的职业类型有记者、推销员、演员等。

二是重复型。这些人喜欢连续不停地从事同样的工作，喜欢按照现成的别人安排好的计划或进度办事，喜欢重复的、有规则的、有标准的职业。适合从事的职业类型有印刷工、纺织工、机床工、电影放映员等。

三是服从型。这些人喜欢按别人的指示办事，不愿自己独立作出决策，而喜欢让他人对自己的工作负责。适合从事的职业有办公室职员、秘书、翻译。

四是独立型。这些人喜欢计划自己的活动和指导别人的活动，在独立的和负有职责的工作环境中感到愉快，喜欢对将要发生的事情作决定。适合从事的职业类型有管理人员、律师、警察、侦察员等。

五是协作型。这些人在与人协同工作时感到愉快，想得到同事们的喜欢。适合从事的职业类型有社会工作者、咨询人员等。

六是主导型。这些人喜欢设法使别人同意他们的观点，一般通过谈话或写作来达到目的，对于别人的反应有较强的判断力，且善于影响他人的态度、观点和判断。适合从事的职业类型有辅导人员、行政人员、宣传工作者、作家等。

七是机智型。这些人在紧张和危险的情境下能很好地执行任务，在危险的状况下能自我控制和镇定自如，能出色地完成任务。适合从事的职业类型有驾驶员、飞行员、公安员、消防员、救生员等。

八是表现型。这些人喜欢能够表现自己的爱好和个性的工作环境。适合从事的职业类型有演员、诗人、音乐家、画家等。

九是严谨型。这些人喜欢注重细节，按一套规则和步骤将工作尽可能做得完美，倾向于严格、努力地工作，以便能看到自己付出努力后的工作效果。适合从事的职业类型有会计、出纳员、统计员、校对员、图书档案管理员、打字员等。

四、气质

在现代心理学中，气质是指表现在人的心理活动方面和行为动力方面的具有稳定性的个人特点。气质是一个人最基本的心理特征，它影响到个人活动的一切方面，可谓“无处不在”。

气质与职业活动的关系表现在两个方面：一方面，要使个人的气质特征适应于职业活动的客观要求；另一方面，在选拔人才和安排工作时应考虑个人的气质特点。

个人必须具备某些气质特征，才能有助于活动的顺利进行。但是，个人的气质特征可能符合，也可能不符合职业活动的客观要求。当个人的某些气质特征不适应于职业活动的客观要求时，可以通过某些途径使自己适应于职业活动。

（一）气质测验的方法

从职业的角度把握气质，就产生了职业气质的范畴。当前，越来越多的组织和机构开始重视人力资源的合理使用问题。根据气质特征进行职业选择，可以扬长避短，充分发挥人的气质优势，同时也可以克服气质特征中不利的影响。气质具有稳定性，就是说这种个人特点不因为所从事活动的目的、动机和内容受到影响，有所改变。

二维码 5　气质的类型

气质与职业素养有千丝万缕的联系，测评气质类型的主要方法有观察法、条件反射法和测验法。

1. 观察法

观察法是在自然条件下，有目的、有计划地通过观察被测者的言行表现，以了解其气质特点的一种方法。运用观察法确定人的气质类型，要求在观察、记录个人日常生活中的行为特征、智力活动特征、言语特征及情绪特征以后，对所得材料进行分析判断、归纳和综合，然后对照各种气质类型的指标，确定其气质类型。此种方法使用简单，易于掌握，若运用得当，所得结果比较符合实际。

2. 条件反射法

条件反射法是指在实验室里，运用一定的实验仪器对被测者在形成或改变条件反射的过程中所表现出来的神经活动特征进行观察、记录，从而了解和确定其气质类型的方法。许多心理学家以不同形式的条件反射来测定神经活动过程的特性，运用条件反射法所测得的结果比较可靠。条件反射法需要一定的实验仪器，主试者也须经过特殊训练，因而不利于一般人掌握和使用。

3. 测验法

测验法是运用气质调查表来测定人的气质类型，也是一种行之有效的方法。吉晋气质调查表是美国吉尔福特和晋莫曼于 1956 年发表的一种问卷式的气质测验调查表。这个调查表共包括 10 个因素，每个因素代表 1 种气质特质。每种特质用 30 题测定，共 300 题。

波兰华沙大学心理学教授简 · 斯特里劳从 20 世纪 50 年代起对气质问题进行了大量研究，编制了几种适合不同对象使用的气质调查表，其中最有特色且在国际上广泛应用的是简 · 斯特里劳气质调查表，该调查表共有 134 个测验题目，包括兴奋强度、抑制强度、灵活性 3 个量表及 1 个第二级平衡性量表。此调查表已被译成中文，经试用，基本适用于我国。

（二）气质的类型

两千年前古希腊医生希波克拉特就提出人有血液、黏液、黄胆汁、黑胆汁 4 种体液，后人由此就建立了气质学说，认为人的气质包括多血质、黏液质、胆汁质、抑郁质 4 种类型。巴甫洛夫根据中枢神经学说的研究，通过大量经典性条件反射的实验找到了这种学说的医学、生理学基础，指出人的高级神经活动的过程，有着兴奋性（兴奋与抑制）、平衡性和灵活性的特征，这 3 种特征的不同组合，就形成人的 4 种神经活动类型——兴奋型、灵活型、安静型、弱型，它们正好对应着胆汁质、多血质、黏液质、抑郁质 4 种气质。

根据心理学家的研究，常见的气质包括以下几种类型。

1. 胆汁质

属于兴奋而热烈的类型。这种气质类型的人，行为表现直率热情、精力旺盛、敏捷果断、反应迅速强烈，但性急暴躁、任性、容易冲动。其显著特点是兴奋性强、不平衡、外倾。

这种类型的男性更多地表现为敏捷、热情、坚毅，情绪反应强烈而难以自制；女性则更多地表现为热情肯干、积极主动、思维敏捷、精力充沛，但易感情用事，对困难处理能力不足。在正确教育下，他们可能具备坚强的毅力，主动而热情，有独创精神；在不良环境影响下，他们可能出现缺乏自制、粗暴、爱生气、易冲动等不良品质。

2. 多血质

属于敏捷好动的类型。这种气质类型的人，行为表现活泼好动、反应迅速、思维敏锐、善于交际、适应性强、性格开朗、动作灵活，但往往粗心大意、情绪多变、兴趣易转移、轻率散漫等。其显著特点是灵活性强、外倾明显。

这种类型的男性尤为敏捷好动、适应能力强、工作效率高，但易表现轻率，不愿从事耐心细致和平凡的工作；女性的突出表现是热情活泼、富有朝气，但情绪不稳定，容易感情用事且感情又不深刻，兴趣多变，从事煞费苦心的工作难以坚持到底，显得任性。在正确教育下，他们对学习、劳动、社会生活会持积极主动的态度；在不良环境影响下，他们会表现出轻率、疏忽大意、散漫、自我评价过高等不良行为和态度。

3. 黏液质

属于缄默而沉静的类型。这种气质类型的人，行为表现安静稳重、耐心谨慎、自信心强、善于克制、沉默寡言、反应缓慢、情绪隐蔽，但往往固执、保守、缺乏生气、动作迟缓。其显著特点是安静、内倾。

这种类型的男性更多表现为沉着坚定、态度持重、善于忍耐、恪守纪律、行为呆板、有惰性；女性则表现为冷静稳健、善于克制、埋头苦干、执拗、冷淡、因循守旧。在正确教育下，他们容易形成勤勉、实事求是、坚毅等品质；在不良环境影响下，他们可能发展为萎靡、迟钝、消极、怠惰以及对人对事漠不关心、冷淡顽固等不良品质。

4. 抑郁质

属于呆板而羞涩的类型。这种气质类型的人，行为表现孤僻、自卑、羞怯、动作迟缓、反应缓慢、敏感多疑、情绪隐蔽而体验深刻，但感受性高，善于观察到别人不易察觉的细节，富有同情心。其显著特点是敏感、孤僻、缺乏自信心、内倾。

这种类型的男性更多表现为孤僻、迟缓、处事谨慎、情绪深刻持久、态度平稳坚定，遇到问题则易惊慌失措；女性更多表现为迟疑、怯懦、柔弱、忸怩腼腆、多愁善感、情绪体验细腻、耐受力差。在顺利的环境中，在友爱的集体里，他们可以表现出温顺、委婉细致、敏感、坚定，能克服困难，富有同情心等优良品质；在不利条件下，他们可能会表现出伤感、忧郁、神经过敏、深沉悲观、怯懦、孤僻、优柔寡断等不良品质，常常会病态地体验到各种委屈情绪。

虽然在日常生活中可以遇到这四种气质类型中某一种气质的典型代表人物，但这样的人毕竟是少数。大多数人的气质或是近似于某种气质类型，或是多种气质类型的混合，即混合型。

（三）气质对职业素养的影响

不同气质类型相对应的职业素养也是有迹可循的，主要表现如下。

1. 胆汁质气质与职业素养

根据对胆汁质气质类型心理特征的分析，胆汁质的人择业时适宜从事那些竞争冒险性、风险性强，要求反应果断而迅速的职业，如推销员、运动员、导游、节目主持人、演员、驾驶员、探险者、新闻记者、外事接待员、公安干警、实业家等，但不适宜从事稳定、细致的工作。

2. 多血质气质与职业素养

多血质又称活泼型，属于活泼、好动、敏感的类型。多血质气质类型具有较强职业适应性，在公共关系和广泛的社会职业领域里都可以发挥特长。对于过于简单细致和琐碎的工作以及缺乏竞争和刺激、只要求细心谨慎的工作，多血质的人不太兴趣。

多血质气质类型的人适合从事营销业务、广告宣传、商务公关、交易谈判等。他们的外向性特点适合于社交性较强的工作，如政治家、外交家、商人、管理者、律师等。此类职业要求从业者具有较强的外倾性特点，活泼好动，容易适应新环境，可塑性较强，思维活跃，语言表达力强，富有感染力，善于交际，在工作和学习上肯动脑筋，有机敏的工作能力和较高的办事效率，活动能力强。

3. 黏液质气质与职业素养

黏液质又称安静型，属于缄默而沉静的类型。黏液质气质类型一般比较适合于从事稳定、细致、严谨、有条理、持久性的工作，如研究、学术、教育、医务、外科医生、法官、管理人员、图书管理员、会计、情报翻译员、教员、营业员等内向型的职业，但不适宜做反应迅速、具有冒险性及与人打交道的工作。

黏液质气质类型的人情绪平稳、心平气和、表情平淡、思维灵活性略差，但考虑问题细致周到、寡言深思、做事踏实稳重、善于控制和忍耐，比较符合上述职业所需要的主体特点。

4. 抑郁质气质与职业素养

抑郁质属于呆板而羞涩的类型。抑郁质的人多愁善感，内向孤僻，不善于与人交往，胆小、怯懦，是“情感深厚而沉默的人”。因此，根据抑郁质气质类型的特点，他们需要思维缜密，有步骤、有计划，持久耐心地去完成任务，适合从事持久、细致的工作，如理论研究、应用科学研究、哲学研究、实验研究、化验员、检验员、机要秘书、统计员、记账员、会计、出纳、雕刻工作者等，但不适宜做要求灵活的工作。我们可以看出，此类职业要求从业者情感细腻、体验深刻、细心谨慎、做事认真、善于发现别人不易察觉的细小事物、情绪兴奋性较弱，抑郁质气质的人比较符合此类职业所需要的素养。

通过上文对气质类型特点及与职业匹配的分析，我们知道了气质与职业素养匹配的重要性，明晰了气质类型与职业素养的关系，同时，我们也要认识到以下几点。

一是气质虽然是先天形成的，但是随着人们后天受到的教育经历、生活阅历、身体状况的变化，其原有的气质特征会发生一定程度的改变。在现实生活中，具有某一典型气质类型特征的人还是很罕见的，大多数人的气质类型都是混合型的，表现为两种或三种气质特征混合的人比较多见。因此，我们在择业时不要拘泥于气质类型与职业的匹配，哪种行业也不可能只需要一种气质的人。

二是气质本身并无好坏之分。气质特征只说明了这个人具有某方面的个性特点，对性格与能力等个性方面有一定的影响，不能决定一个人活动的社会价值，不具有社会道德评价的意义，只是给人们的言行涂上了某种色彩而已。每种气质类型都有其积极的一面，也有其消极的一面。比如，胆汁质的人热情、直率、生气勃勃，但急躁、易怒；多血质的人灵活、机敏、情感丰富，但专注力不足，易感情用事；黏液质的人理智、平和、踏实稳重，但较为呆板和固执；抑郁质的人敏感、细致、富于想象，但孤僻、怯懦。所以，气质本身无好与坏，任何一种气质类型的人，都有可能成为道德高尚、有益于社会的人，也有可能成为道德堕落、危害社会的人。

三是气质不决定个人成就大小和智力发展水平的高低，但会影响个人活动的形式，使智力活动带有一定的色彩。在现实生活中，人们发现气质在一定程度上影响人的工作效率和工作方式。比如，胆汁质和多血质的人的反应性要比黏液质和抑郁质的人快而灵活。也有些职业活动直接对人的气质类型提出了要求，比如运动员，胆汁质的人易兴奋、反应快、爆发性强，比较适合中短跑、跳高、跳远、球类等项目；而多血质的人适应性强、可塑性大，可以从事体操、跳水、击剑等项目；黏液质的人耐受性强，较适合棋类、登山、长跑等项目。

四是气质与职业稳定性密切相关。霍兰德的职业兴趣理论指出，个体职业的稳定性与持续性除了受气质类型影响外，还在很大程度上与个人的职业兴趣密切相关。不论性别，随着个体年龄的增长，其工作适应性程度与职业稳定性都会逐渐增加，而且气质与职业的一致性程度越高，其职业稳定性也越高，反之则越低。随着社会的快速发展，各行各业日新月异，很多职业和岗位也不断更新，我们不可能先去认识和尝试所有的职业和岗位，然后再来决定自己感兴趣、适合的职业和岗位。因而，我们首先要理智地选择职业发展方向——这是可以把握的，然后根据自身情况仔细选择适合自己的工作岗位，努力踏实地践行，才能在职业生涯发展的道路上少走弯路，早日获得职业的成功。

因此，我们建议，大学生应该首先了解自己的气质类型，再根据自身气质，扬长避短，合理就业，避免盲从。气质与职业素养的匹配，不仅对大学毕业生职业生涯的选择有指导意义，而且对企事业单位建立用人育人制度，做好人岗匹配工作有积极的作用。

五、兴趣

（一）兴趣的定义、分类及作用

所谓兴趣，是指人们力求认识某种事物和从事某项活动的心理倾向，而当这种兴趣直接指向与职业有关的活动时，就表现为职业兴趣。职业兴趣在人的职业活动中起着非常重要的作用，主要表现为：它可以影响人的职业定位和职业选择，开发人的能力，激发人的探索与创造力，增强人的职业适应性和稳定性。如果一个人所从事的工作与其职业兴趣相吻合，就能发挥其全部才能的 80%～90%，能长时间地保持高效率的工作并乐此不疲；反之，则最多只能发挥其全部才能的 20%～30%，还很容易导致厌倦与疲劳。可见，职业兴趣能够影响人们在职业活动中的工作绩效。兴趣是个体以特定的事物、活动及人为对象，所产生的积极的和带有倾向性、选择性的态度和情绪。每个人都会对感兴趣的事物给予优先注意和积极的态度，并表现出心驰神往。兴趣不只是对事物表面的关心，任何一种兴趣都是由于获得这方面的知识或参与这种活动而使人体验到情绪上的满足而产生的。例如，一个人对跳舞感兴趣就会主动地、积极地寻找机会去参加，而且在跳舞时感到愉悦、放松，表现积极而自觉、自愿。

人的兴趣是多种多样的，但概括起来又可以分为两大类。

一是物质兴趣和精神兴趣。物质兴趣主要指人们对舒适的物质生活（如衣、食、住、行方面）的兴趣和追求；精神兴趣主要指人们对精神生活（如学习、研究、文学艺术、知识）的兴趣和追求。

二是直接兴趣和间接兴趣。直接兴趣主要是指对活动过程的兴趣，间接兴趣主要指对活动过程所产生结果的兴趣。只有把直接兴趣和间接兴趣有机地结合起来，才能充分发挥一个人的积极性和创造性，才能持之以恒，目标明确，取得成功。

兴趣对一个人个性的形成和发展，对一个人的生活和活动有巨大的作用，这种作用主要表现在以下几个方面。

一是对未来活动的准备作用。例如，对于一名学生来说，对化学感兴趣，就可能激励他积累各种化学知识，研究各种化学现象，为将来研究和从事化学方面的工作打基础、做准备。

二是对正在进行的活动起推动作用。兴趣是一种具有浓厚情感的志趣活动，它可以使人集中精力去获得知识，并创造性地完成当前的活动。美国华人学者丁肇中教授就曾经深有感触地说："任何科学研究，最重要的是要看对自己所从事的工作有没有兴趣，换句话说，也就是有没有事业心，这不能有任何强迫。……比如搞物理实验，因为我有兴趣，我可以两天两夜甚至三天三夜在实验室里守在仪器旁，我急切地希望发现我所要探索的东西。"正是兴趣和事业心推动丁教授去从事科研工作并使他获得了巨大的成功。

三是对参与活动态度的促进作用。兴趣会促使人深入钻研，创造性地工作和学习。就学生来说，对一门课程感兴趣，会促使他刻苦钻研，并且进行创造性的思维活动，这不仅会使他的学习成绩大大提高，而且会大大地改善其学习方法，提高其学习效率。

由此可知，人的兴趣不仅是在学习、活动中发生和发展起来的，而且是认识和从事活动的巨大动力，它可以使人的智力得到开发，知识得以丰富，眼界得到开阔，并会使人善于适应环境，对生活充满热情。

（二）职业兴趣形成的过程

天才的秘密就在于强烈的兴趣和爱好以及由此产生的无限热情。兴趣是勤奋的重要动力。由于对绘画的兴趣，齐白石锲而不舍，大器晚成，40 多岁成名，70 多岁画的虾才达到顶峰；陈景润对数学的兴趣，使他忍受疾病的折磨为摘取数学皇冠上的明珠哥德巴赫猜想而努力；对围棋的迷恋使聂卫平成为棋圣；伏明霞对跳水的迷恋使她成为奥运冠军、跳水女皇。

瑞士心理学家皮亚杰说："所有智力方面的工作都要依赖于兴趣。兴趣是智力活动的巨大动力，是人们进行求知活动和学习的心理要素。"强烈而稳定的兴趣是从事活动、发展才能的重要保证。

职业兴趣是指人们对某类职业或工作所抱的积极态度。从职业兴趣的发生和发展来看，一般要经历这样一个过程：有趣→乐趣→志趣。

有趣是职业兴趣发展过程的第一阶段，也是兴趣发展的低级水平。例如，有些人的职业兴趣变化多端，今天想当一名教师，明天想当一名服装设计师，后天又想成为导游，如此等等。这种职业兴趣是短暂的，往往一瞬即逝，易起易落。

第二阶段为乐趣。乐趣又称为爱好，是在有趣的基础上定向发展形成的，是兴趣发展的中级水平。在这一阶段或水平上，人们的兴趣会向专一的、深入的方向发展。如一个人对无线电有乐趣，他不但会学习这方面的知识，还会亲自装配和修理，参加有关的兴趣小组活动。

第三阶段为志趣。当人的乐趣与人的社会责任感、理想、奋斗目标结合起来时，便由乐趣转为志趣。志趣是兴趣发展的高级水平。志趣具有社会性、自觉性和方向性的特点。

任何人的任何兴趣都不是与生俱来的，而是以一定的素质为前提，在生活实践过程中逐渐发生和发展起来的。如果一个人缺乏某种职业知识或者根本不了解这种职业，他就不可能对这种职业感兴趣。因此，个人只有广泛了解职业知识，参加有关的职业活动，才可能真正显示和发现自己的职业兴趣所在。

（三）兴趣对职业素养的影响

职业兴趣反映了职业（工作活动）特点和个体特点之间的匹配关系，是人们职业选择的重要依据和指南。职业兴趣测验正是用于了解这两方面特点之间的匹配关系，从而为实现“恰当的人从事恰当的工作”提供可靠的科学依据。从个人择业方面来说，职业兴趣测验能帮助人们明确自己的主观性向，从而能得到最适宜的活动情境并给了最大的能力投入。它通过直接或间接地了解人们对不同的职业或不同的操作对象（或事物或观念）的偏好、甄别人们究竟更倾向于和更适合于何种职业，使人各适其性、各尽其职，发挥特长，取得对工作、对个人最满意的效果。

人们的兴趣类型表现出很大的差异。有人对学习和研究自然科学感兴趣，如人文地理、化学等；有人对学习和研究社会科学感兴趣，如经济、法律、哲学等；有人对智力操作如写作、演算、设计感兴趣；有人则对技能操作如维修、摄影、运动等感兴趣。不同的职业需要有不同的兴趣特征。一个擅长文学、新闻等文字活动的人，硬要他走进抽象的数学领域，他便苦不堪言；一个擅长技能操作的人，在技能领域里得心应手，硬要把他的兴趣转到理论研究上来，他就会毫无用武之地。正是这种兴趣上的差异，促使人们选择不同的职业。

根据兴趣的差异，可以将择业者分为若干类型，每类兴趣都有相应的职业。

第一类兴趣是爱与物打交道（这里的“物”指工具、器具、仪表等），不爱与人打交道，爱做技术性强的工作，创造看得见、摸得着的物质产品，图实用，求实效，与之相应的是现实型职业。因为此类职业对人的交流能力要求较低，更着重于技术性。

第二类兴趣是爱与人接触，与人为善，助人为乐，为人谋利，以解除别人的痛苦或困难为志趣，擅长做领导工作、组织工作、发动工作、服务工作，与之相适应的是社会型职业。

第三类兴趣是爱做室内有规律的具体工作，宁愿被别人管，不愿管别人，与之相适应的是事务型职业。

第四类兴趣是爱活动，喜欢冒险，希望得到较多的报酬，与之相适应的是企业型职业。

第五类兴趣是爱自由自在，不受过多的约束，能充分发挥自己的聪明才智，引人注目，与之相适应的是艺术型职业。

第六类兴趣是爱动脑，寻根究底，独立思考，不随大流，力求有所发现，有所发明，与之相适应的是调研型职业。

一个人对某种职业产生兴趣可以增强其对职业的适应性。当一个人对工作感兴趣时，工作就不再是一种负担，即便是枯燥的工作也会觉得丰富多彩、趣味无穷，这不但有助于提高人的工作效率，还有助于个人工作热情的提高。干一行，爱一行，个人在岗位上能得到自我的满足感，为更好地工作而学习的动力充足，并通过提升自我能力，得到更大的自我满足，如此良性循环，从而得到职业素养的整体提高。

任务实施

实训

实训目标：通过情景模拟与自我测评，深化对智力、人格、性格、气质、兴趣与职业匹配的理解，提升职业适应能力与自我调整策略。

实训内容：职业特性分析、性格冲突调解、兴趣驱动规划。

实训准备：2~3 人一组，针对以下三种情景设置任务实施方案（8 分钟）。

【情景 1】人格特性说服实验

某公司招聘“轨道交通客服专员”，要求具备“社会型人格”（如耐心、同理心等）。小组成员分别扮演面试官（需设计人格测评表）和求职者（需隐瞒真实性格类型）。

任务要求：

（1）求职者根据霍兰德职业类型（如常规型、社会型等）虚构性格特征，结合卡特尔 16PF 理论设计应答策略；

（2）面试官通过“情景压力测试”（如模拟乘客投诉）判断求职者人格真实性；

（3）结束后复盘：分析虚构人格与岗位需求的匹配度，提出自我调整方案。

【情景 2】性格冲突调解室

一名“表现型”站务员（热情主动但粗心）因多次票务操作失误被投诉，需转型为“常规型”岗位（如票务管理），为其设计“性格适应性训练计划”。

任务要求：

（1）绘制性格能力迁移图（如“表现型”的沟通优势如何弥补“常规型”的细节短板）；

（2）设计 3 项渐进式训练任务（如每日数据核对游戏化挑战）；

（3）模拟 HR 面谈，提出“性格—岗位动态匹配”理论支撑的转型建议。

【情景 3】兴趣驱动职业规划

某“调研型”学生痴迷轨道交通技术研发，但家庭要求其从事“企业型”管理工作。请运用“兴趣三阶段理论”（有趣→乐趣→志趣），设计双轨发展方案。

任务要求：

（1）制作兴趣价值矩阵图（技术研发的“精神满足”VS 管理的“物质回报”）；

（2）设计“技术+管理”复合路径（如“智能运维工程师→项目管理”）；

（3）模拟家庭沟通会，用加德纳多元智力理论论证职业选择的科学性。

评分标准：

序号	评价项目	分数	评分记录		
1	学习准备	10	学生自评	组间互评	教师评分
2	知识理解	20			
3	参与讨论主动性	20			
4	沟通协调	20			
5	语言表达	20			
6	思维拓展	10			
总分		100			
注：评价满分为 100 分，85 分以上为优秀，75~84 分为良好，60~74 分为及格					

思考与实践

1. 智力测评的意义是什么？你认为哪些因素会影响智力测评的结果？如何确保智力测评的准确性和公正性？

2. 当你发现自己的性格与当前职业不匹配时，你会采取哪些措施来适应或改变？

3. 如何探索自己的职业兴趣？请列举几种有效的兴趣探索方法，并讨论它们的优缺点。

单元 2. 2　城市轨道交通岗位技能与职责

问题导入

引导问题 1：TOD 模式（站城一体化）对轨道工程岗位提出了哪些跨界能力需求？

引导问题 2：无人驾驶技术推广后，车辆驾驶岗会消失还是转型？

引导问题 3：机电工程师向智慧城市领域转型时，最需要补充哪类技术认证？

引导问题 4：移动闭塞（CBTC）如何实现列车实时追踪与动态间隔控制？

引导问题5：MaaS（出行即服务）模式将如何重构传统客运服务岗的工作界面？

知识准备

一、城市轨道交通工程技术

（一）专业岗位概述

城市轨道交通工程技术专业面向轨道交通规划、设计、施工、运营维护全产业链，培养具备工程技术与管理能力的复合型人才。核心岗位覆盖设计、施工、设备维护、安全管理、项目管理等领域，需结合技术理论与工程实践，满足行业对专业化、标准化、智能化的需求。

（二）核心岗位分类与职责

1. 轨道交通工程设计岗

（1）岗位职责。负责轨道线路、车站、供电系统等专业设计，编制施工图纸与技术方案；运用BIM技术进行三维建模与协同设计，优化工程结构；参与设计评审，解决施工中的技术问题。

（2）技能要求。熟练掌握AutoCAD、Revit等设计软件；熟悉《城市轨道交通工程项目规范》及相关国家标准；具备力学分析、线路选型等专业计算能力。

2. 轨道工程施工管理岗

（1）岗位职责。组织现场施工，监督工程进度、质量与成本控制；协调施工单位、监理单位及设备供应商，确保施工安全；编制施工组织设计及专项施工方案。

（2）技能要求。掌握项目管理工具（如Microsoft Project）；熟悉盾构施工、轨道铺设等工艺技术；具备施工安全风险评估与应急处理能力。

3. 信号与通信系统维护岗

（1）岗位职责。负责信号系统（如CBTC）、通信设备的日常巡检与故障排除；制订设备维护计划，更新系统软件与硬件；参与新线联调联试，确保信号系统稳定运行。

（2）技能要求。精通信号系统原理（如联锁、ATP/ATO）；熟悉西门子、阿尔斯通等主流设备技术参数；具备 PLC 编程与网络通信基础。

4. 轨道运营安全管理岗

（1）岗位职责。制定安全管理制度，监督运营风险防控措施；组织应急演练，处理突发事故（如设备故障、自然灾害）；分析运营数据，提出安全改进方案。

（2）技能要求。熟悉 ISO 45001 安全管理体系；掌握故障模式与影响分析（FMEA）方法；具备跨部门沟通与危机公关能力。

5. 智慧轨道技术应用岗（新兴方向）

（1）岗位职责。应用物联网（IoT）、大数据分析优化轨道设备运维；参与智慧车站建设（如人脸识别、智能调度系统等）；推动绿色节能技术（如再生制动能量回收）的应用。

（2）技能要求。掌握 Python 数据分析基础；了解 5G、人工智能在轨道交通中的应用场景；熟悉智能运维平台（如 PHM 系统）操作。

（三）典型职业案例

案例 1：地铁隧道施工中的沉降控制

某城市地铁施工中，工程师通过实时监测数据调整盾构参数，结合注浆加固技术，成功将地表沉降控制在 3 毫米以内。

关键技能：监测仪器操作、地质分析、施工方案优化。

案例 2：信号系统故障快速响应

某线路 ATP（自动防护区）系统突发故障，维护团队通过分段排查、冗余系统切换，20 分钟内恢复运营。

关键技能：故障诊断逻辑、团队协作、应急预案执行。

（四）职业发展前景

1. 纵向晋升

技术员→专业工程师→项目总工→技术总监。

2. 横向拓展

向新能源轨道（如磁悬浮）、海外工程项目管理等领域延伸。

3. 行业趋势

TOD（站城一体化）、全自动运行系统（FAO）推动岗位需求升级。

思考与实践

1. 对比传统施工管理与智慧工地管理模式的异同。
2. 分析“双碳”目标对轨道岗位技能的新要求。
3. 模拟编制一份地铁车站基坑开挖的安全生产预案。

二、城市轨道车辆应用技术

（一）专业岗位概述

城市轨道车辆应用技术专业聚焦轨道交通车辆的全生命周期管理，培养具备车辆运维、故障诊断、智能控制及安全管理能力的复合型技术人才。核心岗位覆盖车辆驾驶、检修维护、车载系统管理、安全监督等领域，需适应车辆智能化、绿色化、自动化的发展趋势。

（二）核心岗位分类与职责

1. 轨道车辆驾驶岗

（1）岗位职责。执行列车驾驶任务，严格遵守行车规程与信号指令；监控车辆运行状态（如牵引、制动系统），及时报告异常情况；参与应急演练，处理突发故障（如紧急制动、乘客疏散）。

（2）技能要求。熟悉列车操纵台功能与自动驾驶/自动防护（ATO/ATP）系统操作；具备快速反应能力与心理抗压能力。

2. 车辆检修与维护岗

（1）岗位职责。负责车辆日常检查（日检、月检、年检）及故障维修；更换磨损部件（如轮对、受电弓），调试车辆机械与电气系统；使用诊断设备（如振动分析仪、红外测温仪）预测潜在故障。

（2）技能要求。掌握车辆机械结构（转向架、车体）、电气原理（牵引系统、辅助供电）；熟练使用 CATIA、SolidWorks 等工具分析零部件图纸。

3. 车载系统运维岗

（1）岗位职责。维护车载信号系统（如 CBTC）、通信设备（如 PIS 乘客信息系统）；升级车辆控制系统软件，优化网络通信稳定性；参与车辆联调联试，确保车载设备与轨道系统兼容。

（2）技能要求。熟悉车载列车控制与管理系统（TCMS）架构与功能模块；掌握 CAN 总线、以太网等车载网络通信协议；具备 PLC 编程与嵌入式系统调试能力。

4. 车辆安全监督岗

（1）岗位职责。监督车辆运行安全，分析车辆故障数据并提出改进建议；制订车辆防火、防脱轨等专项安全方案；组织车辆事故调查，编制安全整改报告。

（2）技能要求。熟悉车辆安全标准（如 EN 45545 防火规范）；掌握故障树分析（FTA）与可靠性、可用性、维修性、安全性（RAMS）方法；具备数据挖掘与风险评估能力。

5. 智能车辆技术岗（新兴方向）

（1）岗位职责。应用人工智能技术实现车辆故障预测与健康管理（PHM）；参与无人驾驶车辆（如全自动运行系统）的调试与运营；推广新能源车辆技术（如氢能源、超级电容储能系统）。

（2）技能要求。掌握 Python/Matlab 数据分析与机器学习算法；熟悉自动驾驶系统（如环境感知、决策规划模块）；了解新能源车辆动力电池管理系统（BMS）。

（三）典型职业案例

案例 1：列车牵引系统故障快速诊断

某列车运行中突发牵引失效，检修团队通过 TCMS 数据定位逆变器故障，两小时内更换模块恢复运营。

关键技能：故障代码解析、高压电气安全操作、团队协作。

案例 2：无人驾驶车辆系统调试

某全自动线路联调中，工程师通过仿真测试优化自动驾驶停车精度至±10 厘米，满足运营要求。

关键技能：自动驾驶算法逻辑、系统参数调整、多专业协同。

（四）职业发展前景

1. 纵向晋升

初级技工→车辆技术主管→车辆段长→技术总监。

2. 横向拓展

向高铁车辆、有轨电车、磁悬浮列车等方向延伸。

3. 行业趋势

（1）智能化：AI+PHM 技术推动车辆运维从“计划修”转向“状态修”；

（2）绿色化：氢能源车辆与再生制动技术普及，降低碳排放；

（3）国际化：中国标准地铁列车（C 型车）出口带动海外岗位需求。

思考与实践

1. 对比传统内燃机车与新能源轨道车辆在维护技术上的差异。
2. 分析无人驾驶技术对车辆驾驶岗位职责的冲击与转型方向。
3. 设计一套针对地铁车辆空调系统故障的排查流程。

三、城市轨道交通机电技术

（一）专业岗位概述

城市轨道交通机电技术专业聚焦轨道交通机电系统（供电、通风空调、给排水、消防、电梯、自动化控制等）的设计、安装、调试、运维全流程，培养具备机电设备管理、智能化运维及安全保障能力的复合型技术人才。核心岗位覆盖机电设备维护、供电系统管理、自动化控制、安全监控等领域，需适应机电系统智能化、节能化、集成化的发展趋势。

（二）核心岗位分类与职责

1. 机电设备维护岗

（1）岗位职责。负责车站及区间机电设备（通风空调、给排水、消防、电梯等）的日常巡检与故障维修；执行设备预防性维护计划，更换老化部件（如风机轴承、水泵阀门等）；配合新线机电设备安装调试，确保系统联动功能正常。

（2）技能要求。熟悉机电设备工作原理与结构（如离心风机、变频水泵等）；熟练使用万用表、示波器、红外热像仪等检测工具。

2. 供电系统管理岗

（1）岗位职责。维护变电所高压供电设备（GIS 开关柜、变压器、直流屏），保障电力供应稳定；监控牵引供电与动力照明系统，分析电能质量（如谐波、电压波动）；制订停电检修计划，处理突发停电事故。

（2）技能要求。熟悉 35kV/10kV 供电系统架构及继电保护原理；熟练操作电力监控系统（SCADA）与电能管理平台；具备高压电工操作证及触电急救能力。

3. 自动化控制岗

（1）岗位职责。维护车站环境与设备监控系统（BAS）、火灾报警系统（FAS）等自动化控制系统；编写 PLC 程序优化设备控制逻辑（如空调机组节能运行）；调试综合后备控制盘（IBP），确保应急模式下设备的可靠切换。

（2）技能要求。掌握西门子、三菱 PLC 编程及组态软件（如 WinCC）；熟悉 Modbus、BACnet 等工业通信协议；具备系统集成与故障诊断能力。

4. 安全监控与节能管理岗

（1）岗位职责。监控机电设备运行能耗（如空调耗电、水泵流量等），制订节能优化方案；分析设备运行数据，预测设备寿命并规划更新改造；监督消防系统联动测试，确保应急疏散设施（应急照明、排烟风机）合规。

（2）技能要求。掌握能源管理系统（EMS）与 BIM 运维平台操作；熟悉 ISO 50001 能源管理体系及 LEED 绿色建筑标准；具备数据分析（如 Python/Pandas）

与能效评估能力。

5. 智能机电运维岗（新兴方向）

（1）岗位职责。应用物联网技术实现机电设备远程监控与预测性维护；开发数字孪生模型，模拟设备故障场景并优化运维策略；推广人工智能驱动的智能照明、空调自适应控制等绿色技术。

（2）技能要求。掌握 Python/Matlab 数据分析与机器学习算法；熟悉数字孪生平台（如 ANSYS Twin Builder）与物联网协议（MQTT）；了解边缘计算与云平台协同运维技术。

（三）典型职业案例

案例 1：环控系统故障快速排查

某地铁站空调系统夏季制冷失效，运维团队通过 BAS 数据定位冷冻水泵变频器故障，一小时内更换模块并恢复制冷。

关键技能：系统数据分析、变频器参数调试、多专业协同。

案例 2：智能照明系统节能改造

某线路应用人工智能算法优化照明控制策略，结合光照传感器动态调节亮度，年节约电量达 15%。

关键技能：物联网设备部署、算法逻辑设计、能效评估。

（四）职业发展前景

1. 纵向晋升

技术员→机电工程师→机电主管→总工程师。

2. 横向拓展

向智慧城市建筑机电、工业自动化等领域延伸。

3. 行业趋势

（1）智能化：人智智能物联网（AIoT）技术推动机电运维从“被动响应”转向“主动预测”；

（2）绿色化：光储直柔（PEDF）技术、磁悬浮冷水机组等节能设备广泛应用；

（3）国产化：国产 PLC、SCADA 系统替代进口系统，催生本土化技术岗位需求。

思考与实践

1. 对比传统机电维护与智能运维模式在技术手段与管理效率上的差异。
2. 分析“双碳”目标下轨道交通机电系统需优先升级的节能技术方向。
3. 设计一套地铁车站突发火灾时的机电设备联动应急方案。

四、城市轨道交通通信信号技术

（一）专业岗位概述

城市轨道交通通信信号技术专业聚焦轨道交通“神经系统”——通信与信号系统的设计、施工、调试、运维全生命周期管理，培养掌握列车运行控制、数据传输、安全防护等核心技术的复合型人才。核心岗位覆盖信号系统设计、通信网络维护、列车自动控制（ATC）、安全监测、智能技术应用等领域，需适应通信信号系统数字化、网络化、全自动化的技术革新。

（二）核心岗位分类与职责

1. 信号系统设计岗

（1）岗位职责。设计轨道信号系统架构（如 CBTC、联锁系统等），编制信号设备布置图及逻辑控制方案；使用 BIM 技术进行信号设备三维建模与冲突检测；参与系统联调联试，解决信号与车辆、供电系统的接口兼容问题。

（2）技能要求。掌握信号系统原理（如闭塞分区、移动授权计算等）；熟练使用 AutoCAD、Eplan 等设计工具及仿真软件（如 MATLAB/Simulink）。

2. 通信网络运维岗

（1）岗位职责。维护轨道交通专用通信系统（传输网、无线通信、公务电话、视频监控)；保障 LTE-M 或 5G-R 车地无线通信稳定性，优化网络覆盖与带宽分配；处理通信设备故障（如光纤中断、基站宕机)，确保行车调度指令实时传输。

（2）技能要求。熟悉 OSI 网络模型及 TCP/IP、SDH、MSTP 等通信协议；掌握华为/中兴通信设备配置与故障排查技术；具备通信网络安全防护与数据加密知识。

3. 列车自动控制维护岗

（1）岗位职责。维护车载列车自动防护（ATP)、列车自动运行（ATO）及列车自动监控（ATS）设备；校准轨旁设备（计轴器、应答器)，确保列车定位精度与安全间隔；分析 ATC 系统日志，优化列车运行曲线与节能策略。

（2）技能要求。精通 CBTC 系统架构及列车控制逻辑（如移动闭塞原理)；熟悉西门子、卡斯柯等主流 ATC 设备调试方法；掌握故障诊断工具（如逻辑分析仪、信号发生器）操作。

4. 安全与可靠性管理岗

（1）岗位职责。实施信号系统安全认证（SIL 等级评估)，编制安全完整性分析报告；监督设备冗余设计（如双机热备、三取二表决)，降低系统单点故障风险；组织 RAMS 全生命周期管理。

（2）技能要求。掌握故障树分析、故障模式与影响分析方法；熟悉 CENELEC 铁路安全标准及国内《铁路信号设计规范》（TB 10007—2017)；具备安全仪表系统（SIS）设计与验证能力。

5. 智能通信信号技术岗（新兴方向)

（1）岗位职责。研发全自动运行系统中的车—地—云协同控制算法；应用人工智能技术实现信号设备预测性维护（如道岔状态监测)；推动 5G+北斗融合定位技术在列车控制中的应用。

（2）技能要求。掌握 Python/机器人操作系统（ROS）开发自动驾驶逻辑；熟悉边缘计算与云计算在信号系统中的协同架构；了解量子通信技术在轨道交通中的前沿探索。

（三）典型职业案例

案例 1：CBTC 系统车载信号丢失故障处理

某线路列车突发车载信号丢失，维护团队通过冗余天线切换、轨旁应答器校准，30 分钟内恢复定位功能。

关键技能：冗余系统切换、应答器数据解析、多专业协同。

案例 2：5G-R 网络抗干扰优化

某地铁隧道内无线通信频段受民用 5G 干扰，工程师通过动态频谱分配与波束成形技术，提升通信可靠性至 99.99%。

关键技能：频谱分析仪操作、网络优化算法设计、电磁兼容知识。

（四）职业发展前景

1. 纵向晋升

助理工程师→信号系统工程师→技术总监→系统总设计师。

2. 横向拓展

向高铁信号、智慧铁路、跨座式单轨交通等领域延伸。

3. 行业趋势

（1）全自动化：全自动运行系统普及推动无人驾驶岗位需求增长；

（2）国产替代：自主化 CBTC 系统（如交控科技）市场份额扩大；

（3）跨界融合：通信信号技术与车联网（V2X）、数字孪生深度集成。

思考与实践

1. 对比传统固定闭塞与移动闭塞技术在系统复杂度与运营效率上的差异。

2. 分析 5G 切片技术如何保障轨道交通通信的“高可靠、低时延”需求。

3. 设计一套地铁信号系统遭受网络攻击时的应急响应预案。

五、城市轨道交通供配电技术

（一）专业岗位概述

城市轨道交通供配电技术专业聚焦轨道交通电力系统的设计、建设、运维及智能化管理，涵盖牵引供电、动力照明、变电所运维、电能质量优化等核心领域，培养具备高压供电系统操作、电力设备维护、新能源技术应用能力的复合型技术人才。核心岗位需适应供配电系统高可靠性、绿色节能及智能化的行业发展趋势。

（二）核心岗位分类与职责

1. 变电所运维岗

（1）岗位职责。负责变电所高压设备（GIS 开关柜、整流变压器、直流屏）的日常巡检与维护；执行倒闸操作与停电检修计划，处理设备短路、接地故障等突发事故；监控供电系统运行参数（如电压、电流、谐波等），保障电能质量稳定。

（2）技能要求。熟悉 35kV/10kV 供电系统架构及继电保护原理（差动保护、过流保护）；熟练操作数据采集与监控系统（SCADA）及电力监控平台；持有高压电工操作证，掌握触电急救与消防应急技能。

2. 接触网维护岗

（1）岗位职责。负责接触网（刚性/柔性悬挂）的安装、调试与周期性检修；检测接触线磨耗、悬挂装置松脱等隐患，调整接触网张力与高度；使用激光测距仪、红外热成像仪诊断接触网局部过热或绝缘故障。

（2）技能要求。掌握接触网力学计算与动态特性分析（如受电弓滑板与接触线匹配）；具备接触网冷滑、热滑试验组织能力。

3. 电力调度与自动化岗

（1）岗位职责。监控全网电力负荷分配，优化牵引供电与动力照明系统的运行模式；编写供电系统自动化控制逻辑（如无功补偿装置自动投切）；分析电力故障录波数据，定位故障点并指导现场抢修。

（2）技能要求。熟悉电力系统潮流计算与短路电流分析；掌握 PLC 编程及变电站综合自动化系统（如 PCS－9700）调试；具备电力系统仿真软件（如 ETAP、PSASP）操作能力。

4. 供配电节能技术岗

（1）岗位职责。分析供电系统能耗（如变压器损耗、无功功率），制订节能改造方案；推广再生制动能量回馈、光储充一体化等绿色技术应用；设计智能照明系统，实现车站照明分时分区控制。

（2）技能要求。掌握电能质量分析仪与能效管理平台（如 EMS）操作；熟悉 IEC 61850 标准及能源管理体系（ISO 50001）；具备光伏逆变器、储能系统（BESS）集成调试经验。

5. 智能供配电技术岗（新兴方向）

（1）岗位职责。应用数字孪生技术构建供电系统虚拟模型，实现故障预判与仿真优化；开发人工智能驱动的负荷预测算法，提升供电系统经济性与可靠性；推动智能巡检机器人、无人机在变电所与接触网运维中的应用。

（2）技能要求。掌握 Python/Matlab 数据分析与机器学习模型训练；熟悉公共信息模型（CIM）与数字孪生平台（如西门子 MindSphere）；了解区块链技术在电力交易与数据安全中的应用。

（三）典型职业案例

案例 1：变电所直流系统接地故障处理

某变电所直流屏突发接地告警，运维团队通过“分段排查法”定位电缆绝缘破损点，两小时内恢复系统绝缘性能。

关键技能：绝缘电阻测试仪操作、故障树分析、多班组协同抢修。

案例 2：再生制动能量回馈应用

某线路加装再生制动吸收装置，将列车制动能量回馈至电网，年节电约 120 万度。

关键技能：电力电子设备调试、能效评估、政策补贴申请流程。

（四）职业发展前景

1. 纵向晋升

助理工程师→供配电工程师→供电段长→技术总监。

2. 横向拓展

向新能源微电网、高铁供电系统、智慧城市配电网领域延伸。

3. 行业趋势

（1）智能化：人工智能+数字孪生技术推动供电运维从“经验驱动”转向“数据驱动”；

（2）绿色化：“双碳”目标下光储直柔（PEDF）系统与氢能供电技术加速落地；

（3）国产化：国产化 IGBT 器件、直流断路器等核心设备替代进口设备。

思考与实践

1. 对比传统继电保护与数字化保护（如 GOOSE 协议）的技术优势与挑战。
2. 分析接触网“刚性悬挂”与“柔性悬挂”在运维成本与可靠性上的差异。
3. 设计一套地铁变电所突发全站停电的应急供电预案。

六、城市轨道交通运营管理

（一）专业岗位概述

城市轨道交通运营管理专业聚焦轨道交通系统的高效、安全、智慧化运营，培养具备行车组织、客运服务、应急指挥、资源调配能力的复合型管理人才。核心岗位覆盖行车调度、车站管理、客运服务、安全管理、智能运营等领域，需适应运营管理数字化、服务精细化、应急高效化的行业发展趋势。

（二）核心岗位分类与职责

1. 行车调度员

（1）岗位职责。监控全线列车运行状态（列车自动监控系统），调整列车运行图与发车间隔；处理突发事件（如设备故障、列车晚点等），发布临时调度指令；协调车辆段、车站、供电等专业，保障全网运营秩序。

（2）技能要求。熟练操作自动监控系统（ATS）及运输管理系统（TMS）；具备快速决策能力与多任务协调能力。

2. 车站值班站长

（1）岗位职责。统筹车站日常运营（客流组织、票务管理、设备巡检）；处理乘客投诉与突发事件（如大客流拥挤、设备故障）；监督车站安保安检，确保反恐防爆措施落实。

（2）技能要求。熟悉车站设备布局（闸机、电扶梯、消防设施）及联动控制逻辑；掌握客流预测模型与限流方案设计方法；具备危机公关能力与跨部门沟通技巧。

3. 客运服务岗

（1）岗位职责。提供乘客咨询、票务处理、特殊人群帮扶等一线服务；监控站台安全（如屏蔽门状态、乘客越界行为），及时广播提醒；参与服务标准化建设，提升乘客满意度。

（2）技能要求。熟练使用自动售检票系统（AFC）及客服中心设备；掌握基础手语、急救技能及服务礼仪规范；具备突发事件初步处置能力（如乘客晕倒、物品遗失等）。

4. 运营安全管理岗

（1）岗位职责。制定安全管理制度，监督行车、设备、消防等风险防控措施；组织安全培训与应急演练（如火灾疏散、防恐防暴等）；分析运营事故数据，编制安全整改报告并跟踪落实。

（2）技能要求。熟悉 ISO 45001 安全管理体系及 RAMS 方法；掌握故障树分析与 Bowtie 风险分析工具；具备事故调查与安全文化建设能力。

5. 智能运营分析岗（新兴方向）

（1）岗位职责。应用大数据分析客流规律，优化列车开行方案与运力配置；开发智能调度算法（如动态时刻表调整、应急资源调配）；推动人工智能客服、智能巡检机器人在运营场景中的应用。

（2）技能要求。掌握 Python/SQL 数据分析及可视化工具（Tableau、Power BI）；熟悉数字孪生技术在运营仿真中的应用；了解城市交通与轨道交通协同调度（如 MaaS——出行即服务）。

（三）典型职业案例

案例 1：早高峰大客流应对

某换乘站早高峰客流超过设计容量 30%，值班站长通过“站外限流+分段放行+增开临客”组合策略，30 分钟内恢复秩序。

关键技能：客流实时监控、多部门协同、动态资源调配。

案例 2：人工智能客服提升服务效率

某地铁引入智能语音客服系统，80%的常见问题实现自动应答，人工客服压力下降 40%。

关键技能：需求分析、算法逻辑设计、用户反馈迭代优化。

（四）职业发展前景

1. 纵向晋升

站务员→值班站长→线网调度中心主任→运营分公司经理。

2. 横向拓展

向智慧交通管理、航空/铁路运营、城市综合枢纽管理延伸。

3. 行业趋势

（1）智慧化：数字孪生+人工智能驱动运营从“经验决策”转向“数据决策”；

（2）服务升级：无障碍出行、多语种服务、个性化票务（如周期票、动态票价）；

（3）绿色转型：低碳运营指标（如单位乘客能耗）纳入绩效考核体系。

任务实施

实训

实训目标：结合行业技术变革与岗位能力升级需求，通过跨专业情景模拟与案例分析，培养学员的跨界思维、技术应用能力及创新解决方案设计能力。

实训内容：TOD 模式（站城一体化）跨界协作、智慧城市机电技术升级。

实训准备：2~3 人一组，针对以下两种情景设置任务实施方案（5 分钟）。

【情景 1】TOD 模式（站城一体化）跨界协作实训

某城市计划在高铁枢纽站周边实施 TOD 开发，需整合轨道工程、建筑设计、商业运营等多方资源。你作为轨道工程项目团队代表，需与城市规划师、商业运营团队进行协作方案设计。

任务要求：

（1）分析 TOD 模式下轨道工程岗位需补充的跨界能力（如 BIM 协同设计、客流预测模型等）。

（2）模拟跨部门会议，提出轨道站点与商业综合体衔接的技术方案（如无缝换乘通道、共享空间设计等）。

（3）设计一份《TOD 项目风险防控清单》，涵盖施工沉降控制、客流超载预警等内容。

【情景 2】智慧城市机电技术升级实训

某地铁站计划升级为智慧车站，需引入人工智能物联网（AIoT）技术优化机电系统。你作为机电工程师，需设计设备智能化改造方案。

任务要求：

1. 选择一项机电系统（如照明、空调等），设计其 AIoT 改造路径（如传感器部署+算法优化）。

2. 模拟调试数字孪生平台，展示设备故障预测与远程控制流程。

3. 编制《智慧机电系统数据安全防护指南》，明确隐私保护与网络攻击应对策略。

评分标准：

序号	评价项目	分数	评分记录		
1	学习准备	10	学生自评	组间互评	教师评分
2	知识理解	20			
3	参与讨论主动性	20			
4	沟通协调	20			
5	语言表达	20			
6	思维拓展	10			
总分		100			
注：评价满分为100分，85分以上为优秀，75~84分为良好，60~74分为及格					

思考与实践

1. 对比传统人工调度与智能调度系统在应急响应效率上的优劣。
2. 分析“地铁+共享单车”联运模式对客流分布与运营管理的影响。
3. 设计一套地铁车站突发恐怖袭击事件的应急处置流程。

单元2.3　城市轨道交通职业生涯规划

问题导入

引导问题1：为什么说“只有个人在寻求生涯时，它才存在”？这与职业生涯规划的主动性有何关联？

引导问题2：既强调“人人可规划成功路径”，又指出“不做规划也可能成功”，这两者如何辩证统一？

引导问题3：当组织战略调整导致“个人目标与组织目标冲突”时，应优先遵循哪项原则？说明解决方案。

引导问题4：当“家庭期望（公务员）”与“个人兴趣（创业）”发生矛盾时，可运用哪些分析工具进行决策？

引导问题5：在数字化时代，“自我评估”是否应置于“确定志向”之前？说明新型逻辑链的合理性。

知识准备

一、职业生涯规划的概念

“职业”比较好理解，“生涯”却有诸多解释。美国生涯理论专家舒伯认为，生涯是个人终其一生所扮演角色的整个过程，生涯的发展是以人为中心的，只有个人在寻求它的时候，它才存在。职业生涯规划是指个人发展与组织发展相结合，通过对职业生涯的主客观因素分析、总结和测定，确定一个人的奋斗目标，并为实现这一目标，而预先进行生涯系统安排的过程。这个过程包括制订相应的规划以及每一时段的发展方向和顺序。有时，职业生涯规划也被简称为生涯规划。

二维码6　职业生涯规划的分类

二、进行职业生涯规划的原因

现代企业每一位员工，无论是刚入职的毕业生，还是已在职的员工，无论是拥有高等学历，还是仅初中毕业，人人都想在事业上获得成功。然而，事业的成功，并非人人都能如愿，问题何在？如何做才能使事业获得成功？

职业生涯规划是基于理性设计的一条走向成功的路径。职业生涯规划有助于个人树立明确的目标，发挥个人的专长，克服生涯发展困难，避免人生陷阱，不断修正前进的方向，最后获得事业的成功。

理想与目标是事业成功的先决条件。人生的可贵在于对未来抱有理想和目标。有了理想，生活才会过得充实，生命才有意义。有了人生目标，困难才能克服，挫折才能突破，潜能才能充分发挥。所以理想与目标是工作的动力，是美好生活的源泉，而科学的生涯规划是实现理想与目标的重要手段之一。

每个人都是自己人生事业的规划者、设计师，同时也是耕耘者。人们不仅要有短期的打算、中期的计划、长期的规划，还须有终身的目标。近年来，随着社会的发展、人们文化素质的提高，多数人想施展自己的才能，成就一番事业，然而，由于社会的快速变迁、经济竞争的不断加剧，一些不能体察时代变迁和环境变异的人，在这种多变时代手忙脚乱、不知所措，造成内心的惶恐与紧张不安，不知何去何从，其结果是不仅事业无成，身心也受到严重的影响。因此，应及早做好职业生涯规划，认清自己，不断开发潜能，正确掌握人生方向，创造成功的人生。

当然，不做职业生涯规划，也可能获得事业成功。但是如果你做了职业生涯规划，你的事业会取得更快的进展，取得更大的成就。假如你要装修现在住的房子，当你确定装修房子这个目标后，就会收集装修资料，挑选装修队伍，制订装修方案，注意装修材料，安排装修时段，等等。如果你没有装修房子这个目标，走在街上，就不会注意收集装修资料，也不会注意各种装修事项，甚至有一本有关室内装饰的书摆在你的面前，你也不会认为它有用。这就是说，两个人在同一条街走过时，一个有目标意识的人的收获与一个没有目标意识的人的收获大不相同。人生在世，要干成一番事业，就如同装修房子一样，只有树立明确的目标，才能向着目标努力，才能有意识地收集有关素材，创造有利条件，使自己的事业尽快获得成功。

此外，职业生涯规划是满足人才需求、留住人才的手段。人才的流失原因主要有三个。一是报酬问题。待遇偏低，人才难留，这是人才流失的一个重要原因。二是才能发挥问题。一个人在某一岗位上，如果才能得不到发挥，专长得不到利用，也难以安心工作。三是社会角色问题。对于一个人才而言，尽管待遇较高，才能也得到了发挥，但如果没有适当的职务，心理也会不平衡。人们往往认为职称和职务的高低是一个人能力大小、贡献多少的体现。如果不能量其才、任其职，担任一定的角色，人才也难以留住。“才能发挥”“社会角色”“获得报酬”就好比一个圆桌的三条腿，如果这三条腿中的任何一条腿出现问题，桌子都会倾斜，使人才“流失”。职业生涯规划就是使这三条腿稳定的重要手段。

员工职业生涯规划的重要内容之一，是对个人进行分析。通过认识自己、了解自己，评估自己的能力，确认自己的性格，判断自己的情绪，找出自己的特点，明确自己的优势，衡量自己与他人的差距，以此来开发自己、改变自己、塑造自己，跨越障碍，充分发挥自己的才能。所以，职业生涯规划能解决“才能发挥”的稳定问题。

通过职业生涯规划，我们可选择适合自己发展的职业，确定符合自己兴趣与特长的生涯路线，正确设定自己的人生目标，运用科学的方法，采取有效的行动，担当起一定的社会角色，实现自己的人生理想。所以，职业生涯规划能解决“社会角色”的稳定问题。

当一个人的才能得到相应的发挥，并担任一定的社会角色时，他的地位及职务也得到了提高，其待遇和报酬也会相应提高。例如，担任了综合工长、生产经理、项目经理、部门经理、工程师或高级工程师等，其待遇和报酬会较高。所以，职业生涯规划能解决“获得报酬”的稳定问题。

综上所述，职业生涯规划是员工个人发展和企业留住人才的重要方法和手段之一。当然，员工的职业发展目标只有与组织的发展相一致、相吻合，才能发挥其作用，产生其效力。

三、职业生涯规划应遵循的原则

职业生涯规划按期限长短一般划分为短期规划、中期规划和长期规划。短期规划为3年以内的规划，主要是确定近期目标，规划近期完成的任务。中期规划一般为3~5年的规划，应在短期规划的基础上加以设计。长期规划的规划时间是5~10年，主要设定长远目标。确定职业生涯规划应遵循以下原则。

（一）清晰性原则

目标与措施清晰明了，实现目标的步骤直截了当。

（二）变动性原则

目标与措施有弹性，能依据环境的变化而调整。

（三）一致性原则

主要目标与分目标一致，目标与措施一致，个人目标与组织发展目标一致。

（四）挑战性原则

目标与措施具有挑战性。

（五）激励性原则

目标符合自己的性格、兴趣和特长，能对自己产生激励作用。

（六）合作性原则

个人的目标与他人的目标具有合作性与协调性。

（七）全程性原则

拟订职业生涯规划时必须考虑到生涯发展的整个历程，做全盘的考虑。

（八）具体性原则

职业生涯规划各阶段的路线划分与安排必须具体可行。

（九）可行性原则

实现职业生涯目标的途径很多，在做规划时必须考虑到自己的特质、社会环境、组织环境以及其他相关的因素，选择确定可行的途径。

（十）评量性原则

职业生涯规划的设计应有明确的时间限制或标准，能进行客观评量、检查，使自己随时掌握执行状况，并为规划提供参考的依据。

四、职业生涯规划应考虑的因素

从职业生涯发展的规律看，每个人有不同的发展阶段与历程，职业生涯规划的重点也就有所不同；不同的人在做其职业生涯规划时，所考虑的因素也有所不同。一般而言，个人在做职业生涯规划时至少考虑以下四个方面的因素。

（一）关于自我认识方面的因素

· 个人的兴趣、爱好与特长。

· 个人的性格与价值观。

· 个人所选定的目标与需求。

· 个人的情商。

· 个人的优缺点。

· 个人的学历与能力。

· 个人的工作经验。

· 个人的生涯情况。

（二）关于外部环境方面的因素

· 组织的需求。

· 家庭的期望。

· 社会的需求。

· 科技的发展。

· 经济的兴衰。

· 政策、法律法规的影响。

（三）关于个人目标选择方向的因素

· 设定该目标的原因，

· 达到该目标的途径。

· 达到该目标所需的能力、训练及教育。

· 达到该目标可能得到的助力。

· 达到该目标可能遇到的阻力。

（四）落实生涯目标措施方面的因素

· 教育、训练的安排。

· 获得发展的安排。

· 排除各种阻力的计划与措施。

· 争取各种助力的计划与措施。

五、职业生涯规划的要素

“知己知彼，百战不殆”，这句话点出了职业生涯规划的要素。所谓“知己”就是自我认识与自我了解，“知彼”就是熟悉周围的环境，特别是与生涯发展有关的工作环境。知己与知彼相互关联，若确定的个人生涯目标符合现实，而不是一厢情愿；若对从事的职业极感兴趣，而不是被动地去干；若从事的工作能发挥专长，而不是暴露自己的短处；若对工作的环境适应，而不是感到处处困难，难以生存，这就说明你的生涯规划不但做到了“知己”“知彼”，而且作出了正确的“抉择”。所以，“知己”“知彼”“抉择”是职业生涯规划的三要素，即生涯规划=知己+知彼+抉择。

六、职业生涯规划的基本步骤

职业生涯规划是一个周而复始的连续过程，其过程包括确定志向、自我评估、生涯机会评估、确定目标、制订行动计划、执行、评估与回馈七个基本步骤。

（一）确定志向

志向是事业成功的基本前提。没有志向，事业的成功也就无从谈起，俗话说“志不定，天下无可成之事”。立志是人生的起跑点，反映着一个人的理想、胸怀、情趣和价值观，影响着一个人的奋斗目标及成就大小。所以，在确定生涯规划时，首先要确定志向，这是确定职业生涯规划的关键，也是生涯规划最重要的一步。

（二）自我评估

自我评估的目的是认识自己，了解自己。因为只有认识了自己，才能对自己的职业作出正确的选择。一般来说，自我评估包括自己的兴趣、特长、性格、学识、技能、智商以及组织管理、协调、活动能力等。

（三）生涯机会评估

生涯机会评估主要是评估各种环境对自己生涯发展的影响。每一个人都处在一定的环境之中，离开了这个环境，便无法生存与成长。所以，在确定个人的职业生涯规划时，要分析环境条件的特点、环境的发展变化情况、自己与环境的关系、自己在这个环境中的地位、环境对自己提出的要求以及环境对自己的有利条件与不利条件等。只有对环境因素充分了解，才能做到在复杂的环境中避害趋利，使生涯规划具有实际意义。例如，组织环境因素评估包括评估组织发展战略、人力资源需求、晋升发展机会等。

（四）确定目标

生涯目标的设定是职业生涯规划的核心。一个人事业的成败，很大程度上取决于有无正确适当的目标。个人没有目标，如同大海的孤舟，四野茫茫，没有方向，不知道自己应走向何方；只有树立了目标，才能明确奋斗的方向，犹如拥有了海洋中灯塔的引导，避开险礁暗石，走向成功。目标应以自己的最佳才能、最优性格、最大兴趣、最有利的环境等信息为依据来确定，通常分短期目标、中期目标、长期目标和人生目标。

（五）制订行动计划

在确定了生涯目标后，行动就变成了关键环节。没有达成目标的行动，就不能达成目标，也就谈不上事业的成功。这里所指的行动是指落实目标的具体措施，主要包括工作、训练、教育等方面的措施。例如，为达成目标，在工作方面计划采取什么措施来提高工作效率，在业务素质方面计划如何提高业务能力，在潜能开发方面采取什么措施开发潜能等，都要有具体的计划与明确的措施，并且这些计划要特别具体，以便定时检查。

（六）执行

如果不采取行动，职业生涯规划只能是“纸上谈兵”。个人应根据自己的职业生涯目标，积极行动。

（七）评估与回馈

俗话说“计划赶不上变化”，影响生涯规划的因素诸多，有的变化因素是可以预测的，而有的变化因素难以预测。在此情况下，要使生涯规划行之有效，就需要不断地对生涯规划进行评估与修订。其修订的内容包括职业的重新选择、生涯路线的选择、人生目标的修正、实施措施与计划的变更等。

七、职业生涯设计

（一）个人因素分析

个人因素分析也就是“知己”的过程，实质上就是自我认识的过程。自我认识是职业生涯规划的基础，关系到职业生涯发展成功与否。自我认识是对自我性格、行为、情感、价值、社会角色等与自我有关的一切因素的认识，包括生理自我、心理自我、理性自我、社会自我等部分。在生理自我部分，自我认识主要包括自己的相貌、身体、穿着打扮等方面。在心理自我部分，自我认识主要包括对自己的性格、兴趣、气质、意志、能力等方面的优缺点的评判。在理性自我部分，自我认识主要包括对自己的思维方式和方法、道德水平、情商等因素的评价。在社会自我部分，自我认识主要包括对自己在社会上扮演的角色，在社会中的责任、权利、义务、名誉，他人对自己的态度以及自己对他人的态度等方面的评价。只有充分地认识自我后，才能正确定位，确定目标，走出自己的路来。

（二）环境因素分析

所谓环境因素分析，就是“知彼”的过程，具体包括对他人的了解、对组织环境的了解、对社会环境的了解以及对经济环境的了解。这些因素对职业生涯的发展都有直接影响。

1. 对他人的了解

现今多数工作是群体性的组织活动，你所工作的单位与部门多由不同数量、不同年龄、不同专业、不同性格的人组成。你的发展与他人或多或少发生关系。因此，在确定职业生涯规划时，须了解他人的情况，通常要了解他人的学历、他人的工作业绩、他人的年龄层次、他人的专业技术职称、他人的性格、他人的情商、他人的竞争实力、他人的发展趋向等。只有全面了解他人的情况，才能确定自己的优势与强项，才能准确把握自己的奋斗目标与方向。

2. 对组织的了解

对组织环境的了解，主要包括以下五个方面。

（1）组织特点：包括组织文化、组织规模、组织气氛、组织阶层、组织结构、人员流动等。

（2）经营战略：包括组织的发展战略、竞争实力及发展态势等。组织是处于发展期，还是处于稳定期，抑或处于衰退期，其发展态势不同，人的生涯发展速度也就不同。

（3）人力评估：包括人力需求的预测、人力规划、人力供需、升迁政策、培训方法等。

（4）工作分析：诸如工作基本能力的需求、工作绩效评估等。

（5）人力资源管理：包括人事管理方案、薪资报酬、福利措施、员工关系、发展政策等。

3. 对社会环境的了解

人是社会的一员，无论从事何种工作，其发展均应适应社会环境的变迁。社会因素主要包括以下四个方面。

（1）社会政策：国家的政策对人的成长与发展影响极大。例如，政策规定破格提拔年轻干部，就为年轻人拓宽了升迁的渠道，使职业生涯的成功期提前。

（2）社会变迁：诸如手工业社会的没落，工业化、自动化、信息化社会的演进等，都会对人的职业生涯发展产生较大的影响。

（3）社会价值观：随着社会的进步、人们生活水平的提高，人的价值观也在发生变化。人的需求层次在不断提高，由过去的生存、安全的需求上升为尊重及自我实现的需求。这些价值观念的变化，对人的职业生涯发展产生直接的影响。

（4）科学的发展：诸如技能的补充、理论的更新、观念的转变、思维的变革等，在人的职业生涯规划中是不可忽视的。

4. 对经济环境的了解

经济环境诸如经济增长率、经济建设的速度等，对人的生涯发展也会产生影响。当经济振兴时，百业待举，新的行业不断出现，新的组织不断产生，机构增加，编制扩容，为职业的选择及晋升创造了条件。

（三）职业选择

职业选择是人生事业发展的起点，选择正确与否，直接关系到人生事业的成功与失败。在认识了自己，了解了内外环境后，就要考虑选择职业的问题。那么哪些因素与职业有关呢？一般对个体因素来说，性格、兴趣、能力是主要因素，因为无论从事什么职业都与这三项因素有关。

（四）职业生涯路线的选择

当你的职业确定后，便可规划你的职业生涯路线，是走企业管理路线，还是走专业技术路线，还是先走专业技术路线再转项目管理路线等，这些在规划中须作出抉择。在抉择过程中，须问自己三个问题：一是我想往哪一路线发展；二是我适合往哪一路线发展；三是我可以往哪一路线发展。

回答上述三个问题的过程，其实也是对“知己”“知彼”有关情况的综合分析并加以运用的过程。第一个问题是通过对自己的兴趣、价值、理想、动机的分析，确定自己的目标取向。第二个问题是通过对自己的性格、特长、情商、学历、技能的分析，确定自己的能力取向。第三个问题是通过对自己身处的组织环境、社会环境、经济环境、政治环境的分析，确定自己的社会取向。三个取向确定后，进行综合分析，即可确定自己的职业生涯路线。

（五）职业生涯目标的选择

确定职业生涯路线后，就要考虑职业生涯目标的抉择问题了。所谓职业生涯目标的抉择就是明确自己想成为什么样的人。比如，在行政管理职务上达到哪一级（层面），担任什么角色；在专业技术职务上成为哪一领域、哪一级别的专家。所以目标是职业生涯发展的方向，目标明确是人生事业成功的先决条件。

一个人要获得事业的成功，就必须按照人生成功的规律来确定行动的目标和规划。一般来说，一个成功者必定是一个目标意识很强的人。所谓“目标意识”就是头脑中始终有清楚的目的，一直“咬”着目标不放，直到达成目标。当这个目标实现以后，他又会盯住另一个目标，直到事业成功。当然，在有目标的人中也有没有成功的，有的人是因为目标失当，有的人是因为行动力不够、半途而废，有的人是因为失误或遇到职业变迁等。

目标抉择的基本步骤有以下六步。第一步，自我分析，认识自我，了解自我，找出自己的特点。第二步，对内外部环境进行分析，准确进行自我定位。第三步，根据第一、第二步的分析结果，确定职业岗位。第四步，选择自己的生涯路线，决定向哪一方面发展。第五步，确定事业目标，把目标具体详细地写出来。第六步，按照目标的要求，确定详细的行动计划与措施。行动计划包括十年计划、五年计划、三年计划、明年计划、半年计划、月计划、周计划等。目标的基本参数，要根据主客观条件来加以确定。一般来说，目标应符合社会与组织需求，有需求，才有位置；目标要符合自身的特点，要高低适度、长短结合；同一时期的目标不宜过多；目标要明确具体，并适当留有余地。

八、职业生涯管理

职业生涯管理是指组织和员工个人对职业生涯进行设计、规划、执行、评估和反馈的过程。员工和组织经共同努力，可使每位员工的生涯目标与组织发展目标一致，使员工的发展与组织的发展相吻合。因此，职业生涯管理包括两个方面。一是员工的职业生涯自我管理。员工是自己的主人，自我管理是职业生涯成功的关键。二是组织协助员工规划其职业生涯，并为员工提供必要的教育、培训、轮岗等职业生涯发展的机会，促进员工目标的实现。人是无价的资源，是组织中最宝贵的资产，通过员工的职业生涯发展和组织的职业生涯管理活动，员工能发挥其潜能，从而实现组织的战略目标。在职业生涯管理中，组织和员工是伙伴关系，两者互相鼓励和支持，自然能营造出信任、和谐、安全的环境，最终实现员工不断成长、组织不断发展的目的。

任务实施

实训

实训目标：结合职业生涯规划理论与行业实践需求，通过角色扮演、案例分析、职业决策模拟等多元形式，强化学员的自我认知能力、职业目标设定技巧及生涯发展策略设计能力，培养其应对职业变革与个人成长挑战的综合素养。

实训内容：职业定位与自我评估、职业冲突决策模拟。

实训准备：2~3 人一组，针对以下两种情景设置任务实施方案（5 分钟）。

【情景 1】职业定位与自我评估实训

某轨道交通企业开展“明日之星”管培生选拔，要求学员基于个人兴趣、能力与行业趋势，提交一份《职业生涯规划书》。你作为候选人，需完成自我评估与职业定位分析。

任务要求：

（1）自我认知工具应用：使用“橱窗分析法”或 SWOT 分析，梳理个人优势（如专业技能、性格特质）、劣势（如沟通短板、经验不足）及潜力方向；

（2）行业趋势匹配：结合职业发展前景与行业趋势，选择 1 个目标岗位（如智慧轨道技术应用岗），分析其能力需求与个人规划的契合点；

（3）模拟面试答辩：组内成员分饰“候选人”与“HR”，围绕规划书的合理性、可行性进行问答。

【情景 2】职业冲突决策模拟实训

某轨道车辆检修员面临职业选择困境：（1）接受公司调岗至“智能车辆技术岗”，需学习人工智能运维技术，但薪资提升 30%；（2）维持现岗，工作稳定，但晋升空间有限。

任务要求：

（1）决策模型应用：使用“决策平衡单”量化分析两类选择的经济收益、技能成长、家庭影响等权重，给出建议。

（2）角色辩论对抗：组内分“支持转型”与“支持稳定”两方，围绕“技术替代风险”“终身学习成本”等议题展开辩论。

（3）制订转型计划：若选择转型，设计一份《三年能力升级路径图》，包含技术认证（如 Python 编程）、项目实践（如 PHM 系统调试）等节点。

评分标准：

序号	评价项目	分数	评分记录		
1	学习准备	10	学生自评	组间互评	教师评分
2	知识理解	20			
3	参与讨论主动性	20			
4	沟通协调	20			
5	语言表达	20			
6	思维拓展	10			
总分		100			
注：评价满分为 100 分，85 分以上为优秀，75~84 分为良好，60~74 分为及格					

思考与实践

1. 为什么说“只有个人在寻求生涯时，它才存在”？这与职业生涯规划的主动性有何关联？

2. 既强调“人人可规划成功路径”，又指出“不做规划也可能成功”，这两者如何辩证统一？

3. 在数字化时代，“自我评估”是否应置于“确定志向”之前？说明新型逻辑链的合理性。

模块 3　城市轨道交通员工职业规范

模块概述

本模块围绕城市轨道交通从业人员的职业规范构建，分为三个核心单元。一是职业道德与职业意识：解析职业道德的内涵与特征，强调爱岗敬业、诚实守信等核心准则，培养责任意识、安全意识等职业心理素养。二是职业形象与职业礼仪：从仪表仪容、仪态规范到服务礼仪，系统训练学员塑造专业形象，提升沟通技巧与行为规范性。三是职业标准与职业习惯：通过“12S 管理规范”“四个一要求”等标准，结合遵纪守时、持续学习等习惯，强化执行力与服务效能。通过理论结合实训，帮助学员实现从职业认知到实践能力的全面转化，为提供优质服务奠定基础。

学习目标

- **知识目标**

1. 掌握职业道德的定义、特征及核心内容。
2. 理解职业形象的四大维度及服务礼仪的规范要求。
3. 熟悉“12S 管理规范”“四个一要求”等职业标准的具体内容与应用场景。

- **能力目标**

1. 能规范执行站姿、行姿、引导手势等仪态要求，并灵活运用于服务场景。
2. 能运用“十字文明用语”及服务礼仪处理乘客咨询、投诉等实际问题。
3. 能根据安全互保意识、行动快一点等原则，快速响应突发事件。

- **素质目标**

1. 树立责任意识与奉献精神，主动践行“耐心倾听、微笑服务”的职业准则。
2. 培养团队协作意识与良性竞争态度，在服务中展现包容性与灵活性。
3. 形成持续学习习惯，适应行业技术更新，提升职业竞争力。

单元 3. 1 职业道德与职业意识

问题导入

引导问题 1：什么是职业道德？它与一般社会道德有什么联系与区别？

引导问题 2：“爱岗敬业”包含哪些具体表现？如果发现同事存在“不求有功但求无过”的工作态度，你会如何引导改善？

引导问题 3：城市轨道交通职业意识中的“安全互保意识”要求员工在工作中做到哪三个自问？这对团队协作有何重要意义？

引导问题 4：在服务意识的六大要素中，“细心”被比喻为“海纳细流方能成其大”，这对处理乘客投诉有什么启示？请结合情景模拟案例说明。

引导问题 5：如何理解“竞争需要良性循环”这一原则？在城市轨道交通工作中，良性竞争对服务质量提升会产生哪些积极影响？

知识准备

一、职业道德

（一）定义

“道”是指自然运行与人世共通的真理，“德”是指人世的德行、品行、王道。道德是一种社会意识形态，是人们共同生活及其行为的准则和规范。不同的时代、不同的阶级有不同的道德观念，没有任何一种道德是永恒不变的。中国传统的道德观念主要包括：四维，即礼、义、廉、耻；五常，即仁、义、礼、智、信；八德，即孝、悌、忠、信、礼、义、廉、耻。

二维码 7 职业道德与职业意识

职业道德是一般社会道德在职业生活中的具体体现，有广义和狭义之分。广义的职业道德是指从业人员在职业活动中应该遵循的行为准则，涵盖了从业人员与服务对象、职业与职工、职业与职业之间的关系。狭义的职业道德是指在一定职业活动中应遵循的、体现一定职业特征的、调整一定职业关系的职业行为准则和规范。不同的职业人员在特定的职业活动中形成了特殊的职业关系，包括职业主体与职业服务对象之间的关系、职业团体之间的关系、同一职业团体内部人与人之间的关系以及职业劳动者、职业团体与国家之间的关系。

（二）特征

1. 职业性

职业道德的内容与职业实践活动紧密相连，反映着特定职业活动对从业人员行为的道德要求。每一种职业道德都只能规范本行业从业人员的职业行为，在特定的职业范围内发挥作用。

2. 实践性

职业行为过程就是职业实践过程，只有在实践过程中，才能体现出职业道德的水准。职业道德的作用是调整职业关系，对从业人员职业活动的具体行为进行规范，解决现实生活中的具体道德冲突。

3. 继承性

在长期实践过程中形成的职业道德，会作为经验和传统被继承下来。即使在不同的社会经济发展阶段，同样一种职业因服务对象、服务手段职业利益、职业责任和义务相对稳定，职业行为的道德要求的核心内容也会被继承和发扬，从而形成被不同社会发展阶段普遍认同的职业道德规范。

4. 多样性

不同的行业和不同的职业，有不同的职业道德标准。

（三）基本内容

各种职业道德规范是人们在长期职业活动中总结、概括、提炼出来的。一方面，鼓励人们理智地做那些为了达到某种工作目标而必须做到的工作行为，即鼓励人们积极主动地干什么；另一方面，制止那些为了达到某种工作目标必须禁止的工作行为，即约束人们不能干什么。

由于各行各业的职业活动内容和职业特征不同，不同职业的职业道德内容不尽相同。尽管如此，各种不同职业的职业道德仍有其共同的基本内容。城市轨道交通职业同其他行业的职业一样，需要遵守社会对职业活动普遍要求的基本职业道德。

随着现代社会分工的发展和专业化程度的增强，市场竞争日趋激烈，整个社会对从业人员职业观念、职业态度、职业技能、职业纪律和职业作风的要求越来越高。要大力倡导以爱岗敬业、诚实守信、办事公道、服务群众、奉献社会为主要内容的职业道德，鼓励人们在工作中做一个好建设者。

1. 爱岗敬业

爱岗，就是热爱自己的本职工作，忠于职守，对本职工作尽心尽力。敬业，就是敬重自己的工作，将工作当成自己的事。爱岗敬业具体表现为忠于职守、尽职尽责、认真负责、一丝不苟、一心一意、任劳任怨、精益求精、善始善终。爱岗敬业并不仅仅有利于企业，其真正的最大受益者是自己。一旦养成对事业高度的责任感和忠诚感，会让自己成为一个值得信赖的、可以被委以重任的人。如果一个人在做普通员工时缺乏爱岗敬业的态度，必将影响其今后的职业发展。不爱岗敬业的三种典型表现如下。第一，不求有功，但求无过。做事情总是不主动，从不多做一点，认为多做就有可能多出错，干脆少做事或不做事。第二，三心二意，敷衍了事。表现为上班无精打采、心不在焉。第三，明哲保身，怕担责任。做的工作越多，意味着担负的责任越重，故在工作过程中能不管就不管，能推则推。

2. 诚实守信

诚实守信是为人处世的基本准则，是一个人能在社会中安身立命之根本。诚实守信也是一个企业、事业单位行为的基本准则。企业若不能诚实守信，它的经营则难以持久。诚实守信也是社会公民的职业道德之一，每一位公民、每个企业主、每个经营者都要遵守这一基本准则。

孔子曰："人而无信，不知其可也。"孔子认为，人若不讲信用，在社会上就无立足之地，什么事情也做不成。诚实守信既是中华民族传统美德的一个重要规范，也是传统道德的一个重要内容。随着时代的不断发展和变化，诚实守信也被赋予了体现时代精神的新内涵。诚实即忠诚老实，忠于事物的本来面貌，不隐瞒自己的真实思想，不掩饰自己的真实感情。守信，信守承诺，忠实履行义务。

3. 办事公道

办事公道是很多行业、岗位必须遵守的职业道德，是指以国家法律、法规、各种纪律、规章和公共道德准则为标准，秉公办事，公平、公正地处理问题。其主要内容为：第一，秉公执法，不徇私情，坚持“法律面前，人人平等”的原则，正确处理执法中的各种问题；第二，在体育比赛和劳动竞赛的裁决中，提倡公平竞争，不偏袒，无私心，作出公平、公正的裁决；第三，在政府公务活动中对群众一视同仁，不论职位高低、关系亲疏，一律端正态度、热情服务，一律照章办事，不搞拉关系、走后门那一套；第四，在服务行业的工作中做到诚信无欺、买卖公平、秤平尺足，不能以劣充优、以次充好。

4. 服务群众

服务群众是为人民服务的道德要求在职业道德中的具体体现，其主要内容为：第一，树立全心全意为人民服务的理念，热爱本职工作，甘当人民的勤务员；第二，文明待客，对群众热情和蔼，服务周到，说话和气，急群众之所急，想群众之所想，帮群众之所需；第三，自觉接受群众监督，欢迎群众批评，有错就改，不护短，不包庇，不断提高服务水平。

服务群众的内涵要求为：第一，一切从群众的利益出发；第二，要把服务群众作为职业目的；第三，把群众的利益得失作为判断是非的标准；第四，热爱群众，服务群众，关心群众。

5. 奉献社会

奉献社会是社会主义职业道德的最高要求，是为人民服务和集体主义精神的最好体现，是积极自觉地为社会作贡献，不论从事任何职业，从业人员都不是为了个人，而是为了有益于国家和社会。其主要内容如下。

第一，立足本职，尽职尽责。奉献社会不仅要有明确的信念，而且要有崇高的行动。奉献是一种精神，只有把这种精神落实到行动上，躬行实践，才能作出有益于社会和他人的奉献。伟大出于平凡，尽职尽责看似简单，要做好却很难。

尤其是十几年如一日地尽职尽责，更是难上加难。

第二，要树立正确的义利观。“义”即道义，是指人们的思想和行为符合一定的道德标准或原则；“利”即功利，是指人们的各种利益，特别是物质利益。我们要坚持义利统一观。一是肯定物质利益的作用。二是反对见利忘义、唯利是图。三是把国家、集体利益放在首位。

第三，关心社会公益事业，为社会公益事业贡献一分力量。奉献社会不能只是一句口头禅，应该落实到行动上。当别人有困难的时候，我们应伸出援助之手帮困难者渡过难关；当祖国和人民需要我们的时候，我们应挺身而出，甘愿为祖国、为人民献身。

二、职业意识

（一）概念和分类

意识是人对于客观物质世界的反映，是感觉、感知或思维等各种心理过程的总和。意识决定行动，行动是意识的反映。因此，了解意识、培养意识对于进一步指导行动十分关键。职业意识是人们对职业劳动的认识、评价、情感和态度等心理成分的综合反映，是支配和调控全部职业行为和职业活动的调节器。一般来说，职业意识分为社会意识、发展意识和价值意识三个方面。

1. 社会意识

社会意识是指对职业的社会意义和地位的认识。从社会角度看，职业是人们在社会中所从事的作为谋生手段的工作，是劳动者获得社会角色、声誉和地位，为社会承担一定的义务和责任，并获得相应的报酬的一种活动。职业是参与社会分工，利用专门的知识和技能，创造物质财富、精神财富，获得合理报酬，满足物质生活、精神生活的工作，可让人实现社会价值。比如，医生能够解除病患的痛苦；公交车驾驶员让其他人有了通行的便利；国家工作人员为工作对象提供办事服务等。每一种职业，都实现了其社会价值。

2. 发展意识

发展是事物不断前进的过程，是由小到大、由简到繁、由低级到高级、由旧物质到新物质的运动变化过程。职业发展是致力于个人职业道路的探索、建立、取得成功和成就的终身的职业活动。当职业符合自己的个人意愿时，在完成职业要求的过程中熟能生巧，自然而然地也就达到一个更高的境界。比如，一个爱好写作的人到一家报社做记者，时间一长，写作作品增多，顺理成章地就成了一名作家，甚至是较有影响力的作家。当职业并不符合自己的个人意愿，但又无法改行时，应在履职过程中渐渐培养起对现行职业的热爱，由此积累经验，也能获得成功。一个人只有首先具备发展意识，才会进行职业规划，并付诸行动，向职业发展的目标努力，取得事业上的成就。

3. 价值意识

“天生我材必有用。”的确，每个人都有其独特的价值。但并非每个人都意识到了自己的价值。职业的价值意识本质上是一种职业价值观，是人生目标和人生态度在职业选择方面的具体表现，也即一个人对职业的认识和态度及其对职业目标的追求和向往。理想、信念、世界观对于职业的影响，集中体现在职业价值观上。它是一种具有明确的目的性、自觉性和坚定性的职业选择的态度和行为，对一个人的职业目标和择业动机起决定性的作用。职业的价值意识决定了职业的期望，影响着人们对职业方向的选择和职业目标的追求。

（二）城市轨道交通职业意识

城市轨道交通是面向大众提供运输生产服务的公共服务行业，其职业具有特殊性，员工需要的职业意识也区别于其他行业的职业意识。根据城市轨道交通行业的特点和行业需求，员工的职业意识分为责任意识、安全意识、服务意识、协作意识、竞争意识、学习意识等方面。

1. 责任意识

责任指个体分内应做的事，来自对他人的承诺、职业要求、道德规范和法律法规等。从社会学角度看，责任是一种职责和任务，是身处社会的个体成员必须遵守的规则和条文，带有强制性，它伴随着人类社会的出现而出现，有社会就有责任。

责任意识有时也称为责任感，是指个人对自己和他人、对家庭和集体、对国家和社会负责任的认识、情感和信念，以及与之相应的遵守规范、承担责任和履行义务的自觉态度。通俗地说，责任意识就是清楚明了地知道什么是责任，并自觉、认真地履行社会职责和参加的社会活动过程中的责任，把责任转化为行动的一种自觉的心理特征。

责任是一种使命，一般来说具有责任意识的员工，应具备以下特征。

（1）为成功完成工作任务而保持高度热情和付出努力。责任意识体现敬业精神，把自己的全部精力投入到工作中去，全心全意地干好本职工作，做自己该做的，做好该做的。

（2）必要的时候，自愿做一些本不属于自己职责范围内的工作。有些工作不在本职工作范围内，但还是去做，并且积极地完成了，这就是合作。当接到一项分外的工作时，第一，保持良好的心态，认识到公司的每一项工作都是作为公司员工的义务和责任；第二，仔细考虑通过什么方法去尽快地完成这项工作；第三，如果确实没有能力完成，应及时向领导反映原因，友好沟通，而不是想方设法推脱。

（3）乐于助人，与他人合作。适当地帮助别人，可以得到集体的认同，可以体现自己对事业的热爱。在工作中，要在同事之间、部门之间保持合作态度，肯吃亏，不计较，能忍让，心正意诚。这是一种修养，体现了一个人良好的品格。

（4）遵守组织的规定和程序。严格遵守企业的规章制度，按期保质保量完成任务，自发地按计划、流程进行工作。

（5）赞同、支持和维护组织的目标。具有责任意识的员工，会认识到自己的工作在组织中的重要性，把实现组织的目标当成自己的目标；勇于把企业的利益视为自己的利益，会因为自己的所作所为影响到企业的利益而感到不安，处处为企业着想，为企业留住忠诚的乘客，让企业有稳定的乘客群。工作就意味着责任，每一个职位所规定的工作任务就是一份责任，从事这项工作就应该担负起这份责任，具有责任意识的员工不会推卸责任，也不会因为一次造成严重后果的过失而气馁，继而不敢承担责任。

（6）注意细节。在工作中遇到大事时，谁都会认真处理，谨慎对待，但有的时候责任意识会体现在琐碎的小事上。很多新人往往忽略这一点，对此不屑一顾。但只有在工作中做好每件事，才能真正赢得信任。在工作中追求完美，注重细节是必要的，世上没有十全十美的东西，总会有一些地方是不够完善、需要改进的。所以不要自满，要从工作中的每个细节入手，将细节做得更完美，这样才会不断进步，能力才会不断提高。

2. 安全意识

在工作中，有的员工安全意识强，如在工作中表现为：遵纪守法、做事认真、按章作业、精力集中、事事想到安全第一、对事故隐患有一定的预见性等。有的员工安全意识弱，如在工作中表现为：思想麻痹、工作马虎、有侥幸心理、安全意识淡薄、纪律松弛、冒险作业、违章蛮干、对事故隐患毫不在意等。那么，安全意识到底是什么呢？

安全意识是人在生产活动中，对各种有可能造成自身及他人伤亡或其他意外事故的各种条件所保持的一种戒备和警觉的心理状态。人的安全意识的高低取决于两个方面的因素：人对危险的认知能力和对安全的需要。也就是说，人在做某一件事之前会有两个方面的心理活动：一方面，是对外在客观环境中的人与物进行认知、评价和结果决断；另一方面，是在认知、评价和结果决断的基础上，决定个人行为，并进行适当的心理调节，以保障人身安全。

城市轨道交通是现代大城市广泛采用的一种节能、省地、运量大、全天候、污染少、安全性高的公共交通工具，行车安全不但关系到整个轨道交通系统的正常运作，而且关系到广大乘客的生命、国家财产的安全，所以安全是城市轨道交通的生命线和效益线。作为城市轨道交通从业人员，应该牢固树立以下安全意识。

（1）安全责任意识。“责任”就是要尽责、负责，使自己所做的每件事都必须达到安全的标准，始终坚持安全高于一切、安全重于一切、安全先于一切、安全压倒一切。

（2）安全制度意识。要遵章作业，按安全规程作业，不能存有侥幸心理做违反安全管理制度的事情。必须坚决杜绝“制度重要，干起来就忘掉”、不把制度当回事的倾向。强化执行落实安全制度的意识，踏踏实实按规章制度做好每一件事。

（3）安全岗位意识。保证安全的过程就是坚守好自己的岗位，同违章违纪、思想麻痹、不负责任的人作斗争。我们每个人的岗位都是一个阵地，只有大家都守住了岗位安全意识，整个企业的安全才能得到保证。

（4）安全忧患意识。安全忧患意识是一种居安思危的思想智慧，是一种清醒的防范意识和管控意识，是一种自觉的危机感、紧迫感、责任感和使命感。如果把安全忧患意识始终贯穿城市轨道交通生产运输过程中，融入现场，落实到岗位，事前预防和过程控制就会得到有效落实，安全防线就会更加牢固可靠。

（5）安全互保意识。安全工作是一个系统工程，我安全、你安全、他安全，才能确保大家都安全，从而保证企业的安全生产。每个员工都要有“提个醒”“相互支持”“相互补台”的意识，人人都要具有安全意识。在开展每一项工作之前，都要问自己三个问题：一是作业是否有违章；二是安全保护措施如何；三是工作现场还有没有安全隐患。要把这“三个问题”落实到自己的行为中，使每一个员工之间都有安全互保的意识。

（6）安全学习意识。只有经常熟读安全知识、熟记安全操作规程、不断学习安全管理，才能建立安全意识，做到安全生产每一天。新员工要向老员工学习，没有安全经验的人要向懂安全知识和技术的人学习，一边工作一边学习，时刻敲响安全的警钟，做到安全意识时时在心。

3. 服务意识

在工作中，必须有服务意识，特别是服务行业，更应该在服务上下功夫，否则会给单位和个人带来不良影响。城市轨道交通行业是典型的服务型行业，随着社会的进步，乘客对服务满意度要求越来越高，员工服务意识的强弱是决定服务质量好坏的关键因素。

服务意识指服务人员在与一切企业利益相关人或企业的交往中所体现的为其提供热情、周到、主动服务的意愿和意识，即自觉主动做好服务工作的一种观念和愿望，发自服务人员的内心。

服务的六大要素，即用心、主动、积极、热情、周到、细心，决定了服务意识的内涵，是职业从业者需要重点关注的对象。

（1）用心，即做事要上心，把服务对象（服务相关方）的事情时刻放在心里，然后全心全意为其服务。这里的“心”包括初心、诚心、耐心、热心、关心、爱心和恒心等方面。

（2）主动，即主动了解事情的目的，主动理解做事的方法，主动按时（或提前）、按质和按量完成该做的事。在此期间，不需要服务对象三番五次地事前催促、事中监督。有时候，在做事过程中会发现问题，要主动去识别这些问题，若自己有能力和权力，则及时去解决；若超出自己能力和权力范围，则主动上报。如果真的产生了问题，也要主动和敢于承担。总之，主动想事、做事和担事。

（3）积极，即采用进取、向上和正面的心态对待事情，凡事要积极地面对。

（4）热情，即给予服务对象友好的情感或态度。在服务过程中，一个人的表情、言语、肢体和行为等，给服务对象的感觉应是友好的、可近的和温暖的，让客户愿意接受你的服务，愿意和你合作，和你分享服务成果等。这份热情应该是由衷的，不是刻意的；应该是诚恳的，应该不是做作的；应该是适度的，不是过分的；应该是柔性的，不是硬性的。

（5）周到，即考虑事情全面。无论从事什么行业，在服务过程中都存在着全面性的问题，也就是说服务越全面，相关方就会越满意，价值就越高。而疏忽、大意和粗心等均为减分项。要想客户所想，然后去提供服务；也要想客户没有想到、但有潜在需求的，尽力去提供服务。

（6）细心。海不择细流，故能成其大；山不拒细壤，方能就其高。无论做什么工作，都要重视小事、关注细节，把小事做细、做透，细中见精、小中见大，对那些平时工作中被忽略的小节、见怪不怪的小事，要高度重视。细心实质上是一种长期的准备，是一种习惯、一种积累，也是一种眼光、一种智慧。只有长期保持高工作标准，才能注意到问题的细节，做到为使工作达到预期的目标而思考细节。在工作中，如果我们关注了细节，就可以把握创新之源，也就为成功奠定了基础，正所谓“天下难事必作于易，天下大事必作于细”。想成就一番事业，就必须从简单的事情做起，从细微之处入手。城市轨道交通不断发展，乘客对出行的品质要求越来越高，而品质的差异往往蕴藏在细节之中。员工在工作过程中要摒弃“差不多就行”的思想，养成钻精、钻细的工作作风，培养精益求精的精神，细心做好服务，以认真的态度做好本职岗位上的每一件小事，以负责的心态对待每一个细节，只有做好小事，才能在平凡的岗位上创造出最大的价值。

4. 协作意识

一群人不一定是一个团队，团队也不仅仅是一群人。而协作，是一群人成为一个团队的充分条件和核心因素。职业从业者在与他人的协作过程中会遇到有的人工作能力、效率等强于自己或者不如自己，有的人与自己的性格、脾气相投或相背等情况。此时，一定要分析自己所处的角色位置，学习别人的长处，弥补自身的短处；发扬自身的长处，善意接纳别人。

协作意识指个体对共同行动及其行为规则的认知与情感，包括对分工、合作和监督的态度，是团队精神的核心体现。培养协作意识，做好团队协作，需要具备以下几个条件。

（1）大度包容。对其他队员要有包容之心，包容其缺点、性格甚至某些生活习惯等。工作要不拘小节，只有这样才能和他人更好地协作。

（2）正直向善。要有正直善良的品质，这是做人的基本原则，当然也是团队工作所需要的基本品质。

（3）精力充沛。要保持良好的精神状态，一个人如果整天昏昏沉沉、萎靡不振，还何谈与他人合作？

（4）积极进取。要有积极进取的精神，想办法把事情做好，即便是遇到困难也会努力去克服，而不是退缩或者放弃。

缺乏协作能力的人有以下三种特性。

（1）自卑且缺乏自信心。总是被人和事推着走，总会受别人影响，总是拿别人的长处与自己的短处比。

（2）自大。总觉得别人都不如自己，认为什么都是别人的错。不懂得“寸有所长，尺有所短”，总是拿别人的短处与自己的长处比。

（3）自私。只看见自己的工作，只看到自己的付出，漠视别人的工作，忽视整体的工作。这些都是缺乏积极协作意识的表现，势必影响企业整体工作的顺利进展。就像打篮球，拿到球的人不一定要坚持自己投篮，更多时候只有把球传给队友才更能为己队赢得胜利。

城市轨道交通运营管理是一项高度组织化的工作，涉及的部门和工作人员很多，通常需要团队协作来完成一项任务。培养员工的协作意识，能够营造良好的工作氛围，并提升员工的工作效率。

5. 竞争意识

"物竞天择，适者生存"是自然界亘古不变的法则，对于人类社会也是如此。竞争意识能使人精神振奋，努力进取，促进事业的发展，是现代社会中个人、团体乃至国家发展过程中不可缺少的心态。有竞争的社会，才会有活力，世界才会发展得更快；在有竞争的群体里，会出更多的成绩，有更高的水平。竞争是不甘平庸，追求卓越；竞争，使个人完善，使群体上进，使社会发展。

竞争意识是一种提高自身素质、激发自我潜能的动机形式，在竞争的环境中，个人为了取得好成绩而与他人展开竞争，能够锻炼自身的综合素质尤其是心理素质。员工有竞争意识，才会有斗志，才能奋发图强，实现自己的理想。城市轨道交通员工必须懂得入职竞争、岗位竞争、服务竞争，生存的竞争压力无处不在。

竞争需要良性循环，需要有竞争的原则，不能使用打压等一些非正常竞争手段。一般来说，有三大竞争原则：公平竞争、目标递升、竞争与合作。首先，要选择合适的竞争对象，选择实力过低的竞争对象对自身的提高不仅没有好处，还会使自己进入自我满足的误区；其次，保持竞争的自信心和持久性，好高骛远的竞争方式不仅打击竞争的自信，而且也不能持久，必须循序渐进；最后，竞争、提高永远离不开合作，只有汲取集体的智慧和力量，才能成为竞争关系中的强者。

城市轨道交通员工树立竞争意识，遵循竞争原则，积极参与工作中的良性竞争，能够提升自身的综合职业素质，有利于为乘客提供更好的服务，促进行业更加健康和可持续发展。

6. 学习意识

对于职业从业者来说，学习不仅是一种工作态度，更是一种精神追求、一种工作责任，是保持核心竞争力的必由之路。在工作岗位上，每个人都会经历积累知识和技能的过程。为了能够提升职业胜任能力，更好地适应各阶段各个岗位的知识技能要求，需要员工不断地学习，从岗位上学、在实践中学，确保成为一名合格的职业人。

在知识经济时代，自主学习已是人们不断满足自身需要、充实原有知识结构获取有价值的信息，并最终取得成功的法宝。得益于科技的进步，城市轨道交通的发展越来越快，新的知识、技术和管理手段等不断涌现，这要求员工与时俱进，紧跟行业发展的步伐，增强学习意识，开展持续学习以更新技能，已经成为城市轨道交通全体从业人员的必修之课。

城市轨道交通员工只有树立学习意识，把学习作为工作之基、能力之本、素质之源，才能不断充实自己、升华自己，做到知识过硬、本领高强，更好地服务乘客，促进行业和企业的发展。

任务实施

实训

实训目标：通过实践演练，提高员工的沟通能力和应急处理能力，为乘客提供更加优质的服务。

实训内容：通过角色扮演的方式，模拟城市轨道交通服务场景，让学生在实践中体验并提升服务质量，同时培养沟通能力和团队协作精神。

实训准备：2~3 人一组，针对以下情景设置任务实施方案（5 分钟）。

某城市轨道交通车站，站务员小张在晚高峰时段遇到一位老年乘客询问换乘路线。小张当时正忙于处理另一件事情，没有耐心地解答老人的问题，只是简单地指了个方向就匆匆离开了。老人按照小张指的方向走去，结果发现走错了路，非常着急和慌乱。这一情况被周围的乘客看到，引起了一些不满和抱怨。

要求：以抽签的方式随机领取任务和序号，每组按照序号顺序上台进行情景模拟训练。根据在模拟场景中的表现，反思如何在工作中更好地践行职业道德和提升服务意识。

评分标准：

序号	评价项目	分数	评分记录		
1	学习准备	10	学生自评	组间互评	教师评分
2	知识理解	20			
3	参与讨论主动性	20			
4	沟通协调	20			
5	语言表达	20			
6	思维拓展	10			
总分		100			
注：评价满分为 100 分，85 分以上为优秀，75~84 分为良好，60~74 分为及格					

思考与实践

加班指除法定或者国家规定的工作时间以外，正常工作日延长工作时间或者双休日以及国家法定假期期间延长工作时间。基于各种原因，加班是现代企业中很普遍的现象。请谈谈你如何看待工作加班。

单元 3. 2　职业形象与职业礼仪

问题导入

引导问题 1：职业形象包含哪四个核心维度？请结合城市轨道交通服务场景，说明整洁的仪表仪容对提升企业形象有何重要作用。

引导问题 2：若发现同事的制服袖口有明显褶皱且未佩戴工牌，你认为这会带来哪些负面影响？应如何善意提醒同事修正？

引导问题 3：从人体工学角度分析，规范的站姿和行姿如何避免服务人员长期工作引发的职业健康问题？

引导问题 4：在递接物品训练中，“双手递接、方便拿取”原则体现了哪些服务礼仪的核心思想？若乘客单手接物且态度敷衍，服务人员应如何保持专业态度？

引导问题5：当遇到需要同时使用鞠躬礼和引导手势的场景时，如何协调肢体动作的规范性？

知识准备

一、职业形象

形象就是人们通过视觉、听觉、触觉、味觉等各种感觉器官在大脑中形成的关于某种事物的整体印象，简言之，就是知觉，即各种感觉的再现。

职业形象具体包括外在形象、品德修养、专业能力和知识结构四大方面，它是通过衣着打扮、言谈举止反映出的专业态度、技术和技能等。

城市轨道交通一线工作员工面向乘客直接提供的客运服务，是运营企业专业化水平的重要体现，蕴含着企业文化，折射出企业的形象。员工的穿着打扮、一言一行都体现企业的专业水准，也体现所提供服务的专业水平，不容忽视。

二维码8　职业形象与职业礼仪

（一）仪表仪容

仪表仪容指人的外表和容貌，包括容貌、姿态、风度及个人卫生等方面，是一个人精神面貌的外观体现。由于人的形象是内在气质和外在形象的结合，仪表对人的形象起到自我标识、修饰弥补和包装外表的作用。如果把思想感情、性格品质、心理状态、道德情操、文化修养看作人的内在美的话，那么包括仪容、表情、姿态等因素在内的仪表则是人的外在美。

讲究仪表仪容体现了对他人、对社会的尊重，表现了一个人的精神状态和文明程度，也表现了服务人员对工作的热爱和对客人的热情。

清洁卫生是仪表整洁和仪容美的关键，是礼仪的基本要求。每个人都应该养成良好的卫生习惯。

城市轨道交通服务仪表仪容总体要求为：整洁卫生、打扮得体、强调和谐、注重修养、自然大方、体现个性。其基本规范如下：

仪容：身体各部位尤其是口腔的清洁；

服装：展现职业特点，凸显本单位特色；

妆饰：化淡妆，适当合理地选择配饰。

城市轨道交通服务人员要自觉维护企业信誉和自身形象，严格执行企业对职业形象的各项规定。某城市轨道交通企业客运服务人员仪容仪表的要求和禁忌如表 3-1 所示。

表 3-1　某城市轨道交通企业客运服务人员仪容仪表的要求和禁忌

分类	基本要求	禁忌
发型	(1) 整齐利落、清洁清爽； (2) 发长过眉的女性必须将头发绾起，最好佩戴有发网的头饰，将头发绾于发网内，头花端正； (3) 男性要剪短发，具体要求为前发不附额，侧发不掩耳，后发不及领； (4) 女性戴帽子时，应将刘海放入帽子内侧，帽徽应朝正前方，不得歪戴	(1) 头发凌乱，染发过于明显、夸张； (2) 留怪异发型； (3) 女性长发遮挡脸部； (4) 男性留长发、鬓角遮挡耳部
面容	(1) 女性上岗应着淡妆，保持清洁的仪容，避免使用味道浓烈的化妆品； (2) 男性应保持面部清洁，不可留胡须； (3) 适时保持亲切的笑容	(1) 浓妆或怪异妆； (2) 工作时化妆； (3) 使用味道浓烈的化妆品； (4) 男性留胡须
口腔	(1) 保持牙齿、口腔清洁； (2) 定期除掉牙齿上的尼古丁痕迹； (3) 去除吸烟过多引起的口腔异味	工作前食用葱、蒜、韭菜等带有刺激性气味的食物
指甲	(1) 时刻保持指甲干净、整齐，经常修剪； (2) 只可涂肉色和透明色指甲油	(1) 指甲过长； (2) 使用指甲装饰品
配饰	(1) 可以佩戴的饰品有风格简约的手表、婚戒（戒指不可过宽）、一对耳钉（女性）； (2) 佩戴纯色镜架和无色镜片眼镜； (3) 饰品应自然大方，不可过度明显、夸张	(1) 佩戴过分夸张和闪耀的饰物； (2) 男性佩戴耳部饰物
制服	(1) 干净无褶皱； (2) 领口、袖口要保持整洁干净，衬衫下摆放在裤子里侧； (3) 裤袋限放工作证等扁平物品或体积微小的操作工具，避免服装变形； (4) 季节更替时，应按规定更换制服，不得擅自更换	(1) 制服上有异味或污渍； (2) 在套装和衬衫的胸袋内放入钱包、硬币等物品； (3) 缺扣、立领、挽袖、挽裤

续表

分类	基本要求	禁忌
鞋袜	(1) 穿着制服时应按规定穿黑色或深色的皮鞋，鞋面保持干净，黑色皮鞋配深色袜； (2) 女性着裙装时，长袜颜色应选择与肌肤颜色相贴近的自然色或暗色系中的浅色； (3) 皮鞋应定期清洁，保持干净、光亮	(1) 穿极度磨损的鞋及露脚趾、脚跟的鞋； (2) 穿图案过多的袜子和浅色袜子
工牌	(1) 挂绳式工号牌的照片和字面应朝向乘客，工号牌绳放在制服外侧； (2) 非挂绳式工号牌应佩戴在制服左上侧兜口的正上方位置，工号牌左下角应抵住西服兜口边缘，并与地面保持水平	(1) 工号牌上有装饰物； (2) 工号牌有损坏； (3) 工号牌上的名字模糊、褪色

（二）仪态

仪态指人们在交流活动中的举止表现出的姿态和风度。最受乘客欢迎的服务人员不是长得最漂亮的，而是仪态最佳的。因此，每个员工都要站有站姿，坐有坐相，举止端庄稳重，落落大方，自然优美。

城市轨道交通服务仪态总体要求为：微笑的面容、真诚的表情、挺直的身板、均衡的肢体、灵巧的动作。其主要体现在站姿、坐姿、蹲姿、行姿等方面。

1. 站姿

(1) 基本要领。

①头正，颈挺直；双肩展开下沉；身体有向上的感觉。

②收腹、挺胸、立腰、提臀。

③两腿并拢，膝盖挺直，小腿往后发力，身体的重心落在前脚掌。

④女士手指四指并拢，虎口张开，双臂自然放松，将右手搭在左手上，拇指交叉，体现女性线条的流畅美。脚跟并拢，脚尖分开呈 V 字形。男士四指自然并拢微曲，虎口打开，指尖微扣，体现沉稳与力量感。双臂自然放松垂于体侧或身前，小臂平直有力。脚跟并拢，脚尖自然分开呈适度 V 字形（角度可略大于女士），重心稳定，展现挺拔与稳重。

⑤男士可将两脚分开与肩同宽，也可呈 V 字形，双臂自然下垂，塑造男性的轮廓美。

⑥站立时应保持微笑。

（a）站姿正面（女）（b）站姿侧面（女）（c）站姿正面（男）（d）站姿侧面（男）

图 3-1　站姿

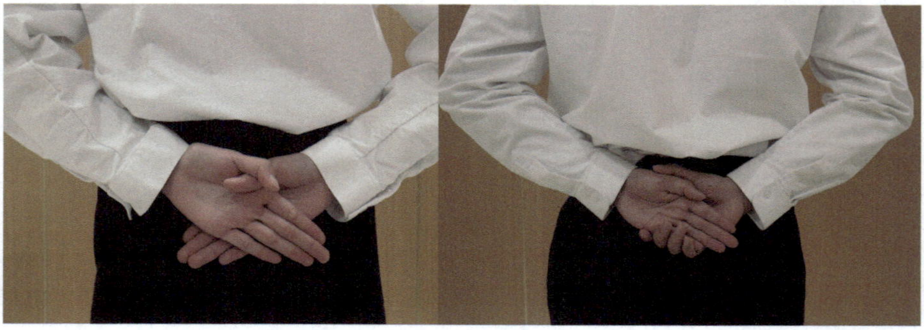

（a）站姿手势（女）　（b）站姿手势（男）

图 3-2　站姿手势

（2）禁忌。

①站立时，东倒西歪，无精打采，懒散地倚靠在墙上、桌子旁。

②低着头、歪着脖子、含胸、端肩、驼背。

③将身体的重心明显地移到一侧，只用一条腿支撑身体。

④身体下意识地做小动作。

⑤在正式场合，将手插在裤袋里面，或双手交叉抱在胸前，或双手叉腰。

⑥男子双脚左右开立时，两脚之间的距离过大，挺腹翘臀。

⑦两腿交叉站立。

2. 坐姿

坐姿是指臀部置于椅子、凳子、沙发等物体上，单脚或双脚放在地上的姿势，它是一种静态的仪态造型，是常用的姿势之一。不同的坐姿传达不同的意义和情感，优雅的坐姿传递着自信、友好、热情的信息，同时也显示出高雅庄重的良好风范。

（1）坐姿基本要领。

①上半身挺直，两肩放松，下巴向内微收，脖子挺直，挺胸收腹，使背部和臀部呈直角。

②两臂自然贴身，两手随意放在腿上，大腿与小腿之间呈直角，小腿与地面垂直，两脚平落地面。

③两膝间的距离，男士以不超过肩宽为宜，女士则应紧闭。

④在工作场合、正式社交场合、有尊长在场的场合，要“正襟危坐”，臀部只坐到椅子的2/3处。

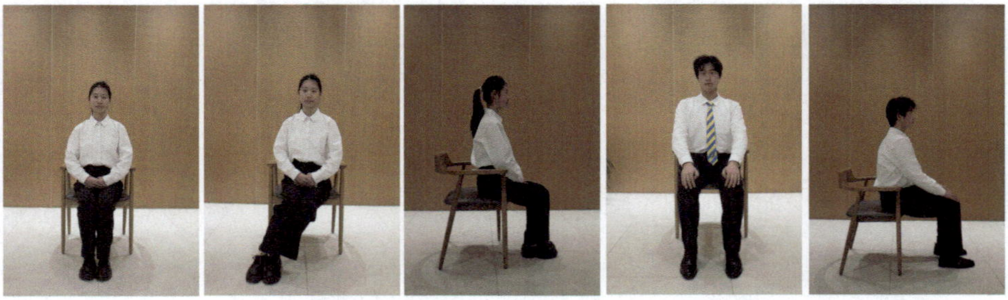

（a）坐姿1正面（女） （b）坐姿2正面（女） （c）坐姿1侧面（女） （d）坐姿正面（男） （e）坐姿侧面（男）

图3-3 坐姿

（2）交叉坐姿基本要领。

①脊柱直立，腰背自然挺直，不驼背、不后仰。

②女士双膝并拢，脚踝自然交叉（女士可略向侧方倾斜，显腿型修长）。男士小腿交叉，大腿保持平行，膝盖高度一致（避免高翘腿）。

③脚尖始终向下轻压，指向地面（忌脚尖上翘或外撇）。交叉点位于脚踝或小腿中段，不越过膝盖线。

④女士可双膝侧倾约15°，强化优雅线条。男士双腿交叠时膝盖间距不大于肩宽，侧重沉稳感。

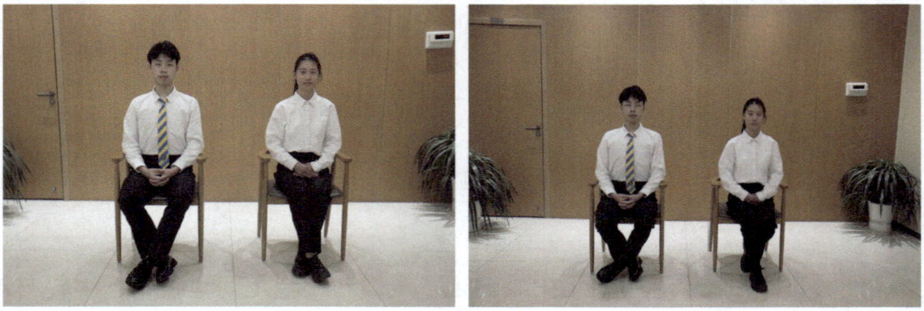

图 3-4　交叉坐姿

（3）禁忌。

①侧肩、耸肩、上身不正。

②含胸或过于挺胸。

③双臂交叉抱于胸前，双手抱于腿上或夹在腿间。

④趴伏于桌面，背部拱起。

⑤跷二郎腿，叉开过大，腿部伸出过长。

⑥脚步抖动，蹬踏他物，脚尖指向他人。

3. 蹲姿

（1）基本要领。

①下蹲拾物时，应自然、得体、大方，不遮遮掩掩。

②下蹲时，两腿合力支撑身体，避免滑倒。

③下蹲时，应使头、胸、膝关节在一个角度上，使蹲姿优美。

④女士无论采用哪种蹲姿，都要将腿靠紧，臀部向下。

⑤下蹲时注意内衣“不可以露，不可以透”。

（2）禁忌。

①突然下蹲。蹲下来时不要速度过快。当自己在行进中需要下蹲时，要特别注意这一点。

②离人太近。在下蹲时，应和身边的人保持一定距离。和他人同时下蹲时更不能忽略双方的距离，以防彼此“迎头相撞”或产生其他误会。

③方位失当。在他人身边下蹲时，最好是和他人侧身相向。正对他人或者背对他人下蹲，通常都是不礼貌的。

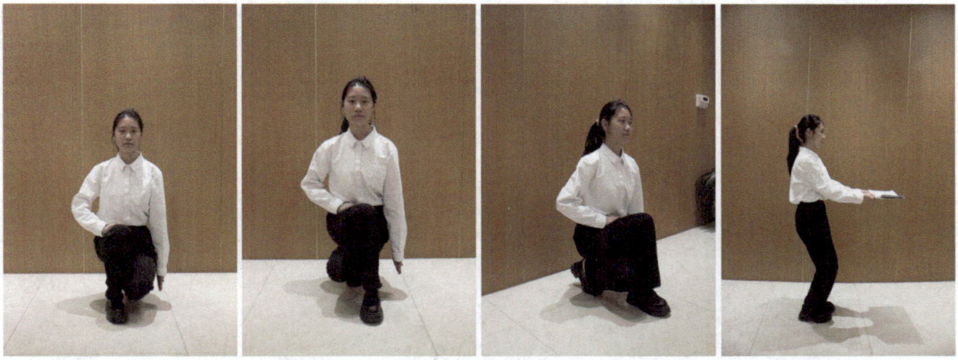

（a）蹲姿1正面（女）（b）蹲姿2正面（女）（c）蹲姿2侧面（女）（d）蹲姿递物（女）

（e）蹲姿（男）

图 3-5 蹲姿

④下身暴露。在大庭广众面前，尤其是身着裙装的女士，一定要避免下身暴露的情况，特别要防止大腿叉开。

⑤蹲在凳子或椅子上。有些人有蹲在凳子或椅子上的生活习惯，在公共场合这样的行为是不能被接受的。

4. 行姿

（1）基本要领。

①规范的行姿首先要以端正的站姿为基础。

②双肩应平稳，以肩关节为轴，双臂前后自然摆动。

③上身挺直，头正、挺胸、收腹、立腰，重心稍向前倾。

④注意步位。脚尖略开，起步时身体微向前倾，两脚内侧落地；不要将重心停留在后脚，注意在前脚着地和后脚离地时要伸直膝部。

⑤步幅适当。一般前脚的脚跟与后脚的脚尖应相距一脚长左右的距离，步伐

稳健，步履自然，要有节奏感，保持一定的速度。但因性别、身高、服饰不同，步幅也有一定的差异。一般情况下，每分钟应行走 110 步。当然，这主要取决于工作的场合和岗位。行姿在整体上要给人以步态轻盈敏捷、有节奏的感觉。

（a）行姿侧面（女）　（b）行姿正面　（c）行姿侧面

图 3-6　行姿

（2）禁忌。

①夹着手臂走动，只摆动小臂。

②抬脚，蹭着地走，女士叉开腿走路。

③耷拉眼皮或低着头走。

④在工作场合，边走边吃东西，手插在口袋中、双臂相抱、倒背双手；未根据场地及时调整脚步的轻重缓急，把地板踩得“咚咚”作响。

二、职业礼仪

（一）礼仪与职业礼仪

礼仪是一种典章、制度，包括人的仪表、仪态、礼节等，用以规范人的行为、举止及调整人与人之间的关系。礼仪是个人的内在修养和素质的外在表现，员工的礼仪修养能展示出企业的文明程度、管理风格、道德水准，从而塑造良好的企业形象，为企业带来巨大的社会效益和经济效益。

职业礼仪是各服务行业人员必备的素质和基本条件。出于对客人的尊重与友好，在服务中要注重仪表、仪容、仪态、语言和操作的规范；热情服务则要求服务人员带着发自内心的热忱向客人提供主动、周到的服务，从而表现出服务人员的良好风度与素养。孔子说：“礼者，敬人也。”这是对礼仪的核心思想的高度概括。

（二）城市轨道交通礼仪修养

一是优美典雅的站姿。

二是文雅端庄的坐姿。

三是美观大方的蹲姿。

四是流畅稳健的行姿。

五是温和可亲的语言。

六是热情礼貌的举止。

七是亲善友好的神情。

（三）城市轨道交通服务常用的礼仪

1. 握手

握手是日常工作中最常使用的礼节之一。握手时，伸手的先后顺序是上级在先、主人在先、长者在先、女性在先，握手时间一般2~5秒为宜，握手力度不宜毫无力度或用力过猛，要注视对方并面带微笑。

握手切忌漫不经心、软弱无力，或乱用蛮力、过长时间交叉握手，或与第三者交谈、目视他人。若手部湿冷，需处理后再握手，不能戴手套握手。

2. 鞠躬

鞠躬时应从心底发出向对方表示感谢和尊重的意念，从而体现在行动上，给对方留下诚恳、真实的印象。

鞠躬的场合与要求为：遇到客人、表示感谢或回礼时，行15°鞠躬礼；遇到尊贵客人来访时，行30°鞠躬礼。行礼时面对客人，并拢双脚，视线由对方脸上落至自己的脚前1. 5米处（15°礼）或脚前1米处（30°礼）。男性双手放在身体两侧，女性双手合起放在身体前面，鞠躬时切忌“太随意”。

3. 致意

致意指向他人表示问候的心意，由礼节、行为举止表现出来，通常为迎送、被别人引见、拜访时所必施的礼节。礼貌的致意会给人一种友好愉快的感觉。

4. 引路

在走廊引路时，应走在客人左前方的两三步处；自己走在走廊左侧，让客人走在走廊中央；与客人的步伐保持一致，并适当作些介绍。在楼梯间引路时，让客人走在正方向（右侧），自己走在左侧。遇拐弯或有楼梯、台阶的地方应使用手势，并提醒客人“这边请”或“注意楼梯”等。引导乘客时，应走在乘客一两步之前，让乘客走中央，自己则尽量走在过道的一边，五指并拢、手心微斜、指出方向。

5. 语言

语言是塑造良好形象的重要手段，城市轨道交通服务人员常使用的文明规范语言有专业服务用语、敬语、委婉语和致歉语，要做到标准规范、委婉含蓄、适度幽默、随机应变、简洁精练、语言优美。使用普通话或外语时，语调应温和、可亲、令人愉快。工作时要使用谦敬语和礼貌语，对重要乘客采用“姓氏+职务”称呼。在和乘客的交谈中应善于聆听，以捕捉宝贵信息，了解对方谈话的意图；应音量适中、速度平稳、散发热情，使用通俗易懂的语言（避免使用专业用语），简洁明了地强调重点，并用充满诚意、适合对方的言辞回应对方。

需要注意的是，城市轨道交通服务人员在与乘客交流时，应礼貌用语，避免出现如下情况。

一是说错字、别字。与乘客交流时说错字、别字会给人一种素质低下、工作能力不强的感觉。

二是说不礼貌的语言。在与乘客的交流中禁止说粗话、脏话等不礼貌的语言。

三是说容易引起乘客不快的语言。城市轨道交通服务人员在工作中如果遇到矛盾冲突，要冷静处置，说一些谅解的语言，避免说一些指责的话。

应答乘客询问时，思想要集中，语言要简洁、准确，语气要委婉。应答多位乘客询问时根据先后顺序、轻重缓急原则一一作答。

另外，手势是人们交往时不可缺少的动作，是最有表现力的“体态语言”，使用适当的手势，可以加重语气，增加感染力。

6. 表情

表情是仅次于语言的一种交际手段。在人千变万化的表情中，眼神和微笑最具有表现力。城市轨道交通服务人员在和乘客打交道时，面部表情的基本要求是热情、友好、真诚、稳重、和蔼。城市轨道交通服务人员在与乘客交谈时，表情要大方、自然，态度要诚恳，应面带微笑、语气亲切，切忌边埋头工作边与乘客交谈。

7. 态度

态度决定品质。城市轨道交通服务人员在服务过程中，对乘客提出的要求在能做到的情况下应尽量满足；对不能做到的，应耐心解释，不能怠慢。应允乘客的事情一定要做到，不能言而无信。如无意碰撞或影响了乘客，应及时表示歉意，取得对方谅解，送走乘客时还应再次道歉。对不耐烦的乘客也要耐心、热情，绝不能发生口角。对举止不端的乘客，要沉着冷静，态度不能粗暴或盛气凌人，必要时可报告值班站长或站长。

任务实施

实训

实训目标：通过模拟实际服务场景，培养学员的服务意识，提升与乘客的沟通能力，确保在服务过程中能够热情、耐心、细致地解答乘客疑问，提供优质服务。

实训内容：仪容仪表礼仪、形体礼仪、服务礼仪。

实训准备：2~3 人一组，针对以下三种情景设置任务实施方案（5 分钟）。

【情景 1】站姿训练

学生进行基础的站立以及姿势训练。教师讲解和示范标准式站姿、前腹式站姿、背手式站姿等，学生进行模仿和练习。

【情景 2】引导手势训练

教师创设为乘客指引方向的情境，组织学生进行横摆式、直臂式引导手势的训练。通过分组练习和模拟表演，学生能够熟练掌握引导手势的运用技巧。

【情景3】递接礼训练

教师讲解递接物品时的礼仪规范，包括双手递接、方便拿取、递到手中等原则。学生通过模拟递接物品的场景进行练习，确保在实际服务中能够规范操作。

要求：以抽签的方式随机领取任务和序号，每组按照序号顺序上台进行情景模拟训练。在任务实施过程中应礼仪规范、程序正确，充分体现出“耐心倾听、微笑服务、积极应对、快速处理”的16字口诀。

评分标准：

序号	评价项目	分数	评分记录		
1	学习准备	10	学生自评	组间互评	教师评分
2	知识理解	20			
3	参与讨论主动性	20			
4	沟通协调	20			
5	语言表达	20			
6	思维拓展	10			
总分		100			
注：评价满分为100分，85分以上为优秀，75~84分为良好，60~74分为及格					

思考与实践

城市轨道交通“十字文明用语”的内容是什么？三人一组，使用地铁文明服务用语和专业服务用语，创设一个地铁车站服务场景。

单元3. 3 职业标准与职业习惯

问题导入

引导问题1：你知道“微笑服务”为什么被称为最温暖的沟通语言吗？请回忆一次你接受他人微笑服务的经历，说说当时的感受。

引导问题2：如果工作中遇到乘客抱怨“车厢太冷”，根据“节约（Save）”

原则，你会如何解释空调温度设置？试着用两句话模拟对话。

引导问题3：假设你在地铁站捡到乘客遗失的背包，结合“诚恳（Sincere）”和“规范（Standard）”原则，你会采取哪三个步骤处理？

引导问题4：遇到老人摔倒、列车急刹车等突发情况时，你认为最先要做的是什么？为什么？

知识准备

一、职业行为标准

（一）服务工作“12S”管理规范

1. 素质（Stuff）

素质包含哪些内容呢？我们可以用著名的“冰山理论”来解释：把一名员工的全部看作一座冰山，浮在水面上的是他所拥有的资质、知识、行为和技能，这些就是员工的显性素质；而潜在水面之下的东西，包括职业道德、职业意识和职业态度，我们称之为隐性素质；显性素质和隐性素质的总和，就构成了一名员工所具备的全部职业素质。

企业员工的职业素质既决定了企业的未来发展，也决定了员工自身的发展。职业意识、道德、态度、技能、知识与行为，直接决定了企业和员工发展的潜力和成功的可能。员工具备职业素质，就拥有了相当的职业竞争力，也就迈出了获得成功的第一步。

二维码9　职业标准与职业习惯

2. 笑容（Smile）

在平凡的服务岗位上，微笑能使你不同凡响。不同凡响并不是指你能步步高升、表现出众，而是指当你用心为他人服务后能真切感受到快乐。实践证明，只有热爱生活、热爱顾客、热爱工作的人，才能保持并永久拥有那种落落大方而又恬静优雅的微笑服务。同时，实践也告诉我们，微笑服务是人际交往的通行证，它不仅是缩小心理距离、达成情感交流的阶梯，而且是实现主动、热情、耐心、周到、细致、文明服务的途径，同时又是诚意与善良的表征和造成对方愉悦的良药，最后还是引起兴趣、引起好感的源泉和为服务语言增值增效的强力添加剂。

3. 诚恳（Sincere）

泰戈尔说："当我们大为谦卑的时候，便是我们最近于伟大的时候。"对人态度诚恳、谦卑、恭敬，是成就伟大事业的基础。服务工作需要耐心、细致、技巧，更需要诚恳，车站与乘客要靠有效的沟通与交流，才能增进彼此的理解与信任。口是心非只能是一阵子，诚恳待人才能一辈子。诚恳就是要诚心待人，想乘客所想，急乘客所急，虚心听取意见，不断改进工作。

4. 节约（Save）

勤俭节约的美德如甘霖，能让贫穷的土地开出富裕的花；勤俭节约的美德似雨露，能让富有的土地结下智慧的果。在建设节约型社会中，要牢固树立"浪费也是腐败"的节约意识，克服"花公家钱不心疼"的不良心态，形成"铺张浪费可耻，勤俭节约光荣"的良好氛围，使勤俭节约成为一种时尚、一种习惯、一种精神。谚语说得好，"生产好比摇钱树，节约好比聚宝盆"。对于城市轨道交通企业来说，杜绝浪费不仅要体现在工作中，如夏天空调温度调高一点、冬天空调温度调低一点、纸张双面使用、随手关灯等，还要体现在生产中，如编制合理的列车运行图、降低用电客车空驶里程、减少电力的消耗、降低车站照明系统的能耗等。

5. 规范（Standard）

规范是指群体所确立的行为标准。在企业中制定员工日常行为规范，也是为了规范员工行为，维护企业形象。古人云："无规矩不成方圆。"个人的发展离不开规矩，人作为社会和国家的主体，直接决定着国家与社会的前进方向。个人只有尊重客观规律，遵守规矩，充分发挥主观能动性，才能达到自己预定的目标，并在奋斗中磨炼自己的意志，吸取失败的经验，不断充实自己，让个人的潜力得到最大的发挥。如果违背了规律，违反了规则，那么必将受到客观世界无情的惩罚，人与社会等都不能得到协调发展。

6. 迅速（Speedy）

丘吉尔在第二次世界大战期间每天都要紧张工作 18 个小时，他时常会说：

“没有时间去忧虑（No time to worry）。”纵观当今社会各行业中的成功人士，他们都有一个共同的特点，就是言出即行。如何培养立即行动的习惯呢？不妨试试下面几个方法。

（1）不要等到条件都完美了才开始行动——如果你想等条件都完美了才开始行动，那很可能永远都不会开始。

（2）做一个实干家——要实践，而不要只是空想。

（3）记住，想法本身不能带来成功——想法是很重要，但是它只有在被执行后才有价值。

（4）用行动来克服恐惧、担心——行动是治疗恐惧的最佳方法。万事开头难，一旦行动起来，你就会建立起自信，事情也会变得简单。

（5）机械地发动你的创造力——人们对创造性工作最大的误解之一就是，认为只有灵感来了才能工作。

（6）先顾眼前——把注意力集中在你目前可以做的事情上。

（7）立即谈正事（立即切入正题）——如果你不避开那些让人分心的事情来开始谈正事，那它们会花掉你很多时间。一旦开始谈正事，就会变得更有创造力。

7. 坚持（Stick to）

乘古今之风，览中外画卷，无数成功人士的丰碑下都有着“永不言弃”的厚重基石。如果爱迪生在灯丝试验失败后放弃了，就不会发明电灯；如果巴尔扎克在年轻时的贫穷、病痛折磨中放弃写作，就不会有旷世巨作《人间喜剧》的出版，他的名字就不会流芳百世；如果拜伦在出版第一本诗集遭到众人嘲弄时放弃写作，就不会有诗的变革，就不会有他的诗集被后人传颂。

影片《士兵突击》中有一句经典、富有哲理的台词：“光荣，始于平淡；艰巨，在于漫长。”一个人的成功往往来自坚持与执着。失败和挫折只是暂时的，当我们面对挫折、面对失败时，有了对成功的执着与坚持，有了永不言败、迎难而上的精神，才能渡过难关，迎接成功。

8. 服务（Service）

服务是指为他人做事，并使他人从中受益的一种有偿或无偿的活动，其不以实物形式而以提供劳动的形式满足他人某种特殊需要。服务具有不可复制性、不可分离性、品质差异性、不可储存性、所有权的不可转让性等特性。

当今世界，每个角落都充满了各式各样的服务，如运输服务、餐饮服务、旅店服务、网络服务等，对于从事城市轨道交通客运服务的人来说，应更好地为乘客做好各种服务工作。做好乘客服务，需要城市轨道交通企业员工首先建立起服务理念。服务理念对做好乘客服务工作具有极其重要的意义。

9. 满意（Satisfaction）

满意是指意愿得到满足，符合心愿。按照传统的管理学说法，所谓顾客满意就是达到了顾客的预期。对于城市轨道交通企业来说，要达到满意就必须做到“乘客满意”（乘客的要求得到满足）、“职工满意”（企业员工满意）、“经营者满意”（同行业、关联企业满意）、“社会满意”（国家、地区满意）、“地球满意”（不对地球造成环境污染）。

10. 环境（Surrounding）

良好的人文环境对人们的生活和成长是十分重要的，现代的人们不仅需要高品质的物质生活，更需要高品位的精神生活。在公司中，每位员工与其他员工是相互影响的。一个人成功的主要原因在于他具有创新的能力、必要的知识和技能，并能努力工作，但是成功与否同时也依赖于周围的人，他们既可能会让你的工作充满乐趣，也可能会让你糟糕透顶。“孟母三迁”说的是孟子的母亲为了教育孟子和为了孟子的成长而三次选择居住环境的故事，这说明社会环境与一个人特别是青少年的成长有直接的关系。孟子后来成为儒家圣人，与社会环境对他的熏陶感染有很大关系。

11. 卫生（Sanitation）

卫生是保持环境整洁，落实病媒生物防制，确保空气质量达标，保障乘客健康与安全。广州市容卫生状况公众追踪调查结果显示：广州市民对地铁环境卫生的满意度超过 90%。良好的环境卫生让城市轨道交通员工在工作时都带着一份愉悦的心情，能更快、更好地完成工作，大大提高了工作效率。

12. 安全（Safety）

安全生产事关大局，是运输行业一切工作的重中之重，必须坚持“安全第一，预防为主”的方针。安全是采取系统的措施，保证人员、场地、物品等的安全，系统地建立防伤病、防污、防火、防水、防盗、防损等安保措施，确保工作中的人身、设备、设施安全。安全管理最根本的目的是保护人的生命和健康，是对企业效益的最根本要求之一。保护社会生产力，使之能正常生产，保护生产关系，使企业的合法利益不受侵犯和损失，是安全管理的重要内容。

（二）服务工作“四个一”要求

1. 抓服务工作一丝不苟

工作一丝不苟才能提高服务质量，要重点做到八个字：端正态度，认真负责。

2. 抓中间环节一着不让

城市轨道交通企业标准化管理体系的实施，关键在于处于中间环节的管理人员的执行力。尤其是面向乘客的服务工作，其执行的效果如何，主要看中间各个环节有没有真正地贯彻落实到位。

城市轨道交通企业如果以规范日常运行、加快发展速度、扩大规模、提高管理水平为发展目标，除了要有好的领导班子、好的发展战略、好的管理制度外，更重要的是公司各环节管理人员要有较强的执行力。公司各环节管理人员的执行力如果很弱，与企业的管理制度要求无法完全匹配，则企业的管理制度在执行的过程当中，执行标准就会渐渐降低，甚至完全偏离企业管理制度的要求。管理措施之所以得不到有效推进，其根本原因在于执行。

3. 抓问题处理一查到底

查问题不护短，查责任应到位。城市轨道交通企业可组织员工深入剖析事件案例，以此让员工充分认识到新形势下做好优质服务工作的重要性、艰巨性和复杂性；要求员工勇担社会责任、提供真诚服务，对任何违反行风服务的行为都不能等闲视之，要举一反三、认真查处；组织员工开展自我检查，重点查服务意识、服务态度、服务常识的掌握情况，如通过优质服务大检查，消除工作中的薄弱环节。

4. 抓纠纷投诉一步到位

提高客户满意度，是城市轨道交通企业客户关系管理的核心；而通过有效管理方式解决客户投诉的问题，是提高客户满意度的有效手段，客户投诉处理应把握以下四项原则。

（1）“理解”原则。一般而言，客户投诉的原因，基本是对企业的服务不满，只要是投诉，客户心中难免会有一丝怨气。因此，在处理客户投诉时要把握的第一项原则就是“理解”。不能认为客户投诉就是有意找碴儿，或者提及客户投诉就谈虎色变。要知道，如果不能将心比心，换位思考，就不可能以宽容而积极的心态去处理客户投诉，就有可能在处理投诉时也带着怨气，因而也就不可能最大限度地化解客户的怨气。

（2）“克制”原则。客户由于心中有怨气，因而在投诉时难免会发出怨言，更有极个别修养差的客户会讲一些难以入耳的气话。在这种情况下，如果投诉处理人员不能克制自己的情绪，对客户进行反驳，甚至与客户发生争吵，不但会影响投诉处理的进程和效果，而且会影响单位的整体形象。为此，保持克制，是投诉处理人员必须具备的基础素质和把握的基本原则，否则就有可能出现不但解决不了问题，而且会扩大事态的情况。

（3）“真诚”原则。“真诚”是人与人之间沟通交流的大门，是化解矛盾的催化剂和润滑剂。在处理客户投诉中，一定要注意把握好“真诚”原则，让客户感觉到我们是实实在在为他们着想，想要用真诚化解矛盾，用真诚换得真心，用真诚融冰雪，用真诚展现企业服务理念与风采。在遇到确实因我们服务不到位而造成客户损失的情况时，要真诚道歉，并进行相应的赔偿，让客户真切感受到我们的诚意，从而理解和支持我们的工作。

（4）“快捷”原则。每一个投诉者都希望投诉举报信息发出之后，能得到及时迅速的处理。为此，在接到客户投诉以后，一定要及时处理，对能当时解决的就当时解决，对不能当时解决的，也要在弄清原因后，给客户投诉处理时间的承诺，并且在承诺之后，要尽快收集信息、分析问题、解决问题，做到能快则快，树立良好职业形象。切不可在接到客户投诉后，以各种理由拖延处理时间，或者把客户的投诉当作耳边风，放在一边不去处理，造成客户越级投诉等现象的发生。

总之，客户投诉处理水平的好坏，事关客户关系管理，事关客户对我们的依存度、信任度、合作度，我们只有把握好客户投诉处理的四项基本原则，建立健全客户投诉处理机制，才能有效提升客户投诉处理的质量与水平，才能不断提高客户的满意度，吸引更多的客流。

（三）服务工作“十个一点”

1. 微笑靓一点

世间最美丽的东西是什么？是微笑。世间最动人的表情是什么？是微笑。我们最喜欢看到的，也是笑容可掬的脸庞。在陌生的环境中，一个微笑，就能融化不安。人际关系有了芥蒂，看到一张微笑的脸，不愉快也就烟消云散了。生活中碰到困难，一个鼓励的微笑，困难窘迫就仿佛有了转圜的空间。沮丧的时候，一个理解的微笑，沉到谷底的心也就得到温暖的慰藉。微笑的魅力，有时远远超出意料。

某公司推行别出心裁的“微笑”治理，使销售数字一路攀升。这和目前城市轨道交通企业实施的“人性化”管理不谋而合。有一首歌叫作《笑比哭好》，我们用在管理上叫作笑比凶好。管理者要微笑上阵，给员工创造一个和谐宽松的工作环境。要知道，快乐的员工就会快乐地工作，快乐的工作就会产生快乐的效益。

微笑靓一点，不仅是生活中为人处世的技能，更是展现自我的本能。微笑服务有时还可以弥补工作上的过失。

2. 语调柔一点

温柔是亲和力的体现，只有有亲和力的服务才能真正赢得客人的称赞。一般而言，跟乘客说话时，语气一定要亲切自然。语调要视具体的环境而定。当噪声较大时，说话的声音要适当大一些，确保乘客能够听清楚；当周围环境很安静时，说话的声音要适当低一些，只要能被对方听见即可。最好的办法是，能和乘客的语调一致。

声音是一个人魅力的重要组成部分。流利标准的普通话是基本功。在沟通时吐字一定要清晰，以免乘客听不清楚。请求、询问、安慰、陈述意见时要和声细语。除此之外，服务人员还要学习一些简单的英语会话，以便能够帮助国外乘客。

3. 耐心足一点

一般来讲，乘客需要热情、和蔼的服务者。但从早到晚一遍又一遍地重复相同的问题，甚至还会遭到言语上的攻击等情况，会使一线工作人员产生不耐烦情绪。不是每个人都经常乘坐城市轨道交通，这个概念是工作人员应该建立的。有些乘客不了解城市轨道交通企业的规定，甚至不熟悉运营路线及操作，这都是很平常的事情。既然乘客不知道，工作人员的职责就是让大家尽可能地知道。比如，有乘客携带了违禁物品不允许进站，乘客不理解，工作人员就要耐心地解释清楚。又如，车票（卡）有问题需要补办时，工作人员要委婉地提醒乘客，请乘客补票。外地乘客会经常因为路不熟向工作人员请教，工作人员不仅要口头指路，还要准备些小纸条，用笔写清楚路线。赢得乘客的信赖，不仅能体现工作人员职业素质，也能节省时间，提高工作效率。

4. 行动快一点

行动快不快，体现了一家企业的执行力。在服务过程中，乘客对服务人员的行动往往有比较高的期待。

5. 做事多一点

服务人员需要做到“五勤”，即眼勤（多看、多观察，以便及时处理有关情况）、口勤（多问、多征求意见）、耳勤（多听，从客人的语言中找问题）、手勤（多做）、腿勤（多走，在行动中发现问题）。

6. 效率高一点

在现代社会，时间对乘客来说是非常宝贵的资源。因此，服务的效率非常重要。现在很多企业对各个服务程序都提出了量化的时间标准，以提高服务效率。

如何提升自己的工作效率？

（1）全心投入工作。当你工作时，一定要全心投入，不要浪费时间，不要把工作场所当成社交场合。

（2）工作步调快。养成一种紧迫感，一次专心做一件事，并且用最快的速度完成，之后立刻做下一件事。

（3）专注于高附加值的工作。工作时长的多寡不见得与工作成果成正比。找出对达成工作目标及绩效标准有帮助的活动，投入最多时间与心力在这些事情上面。投入的时间越多，每分钟的生产力就越高，工作绩效也就提高了。

（4）提升工作熟练度。通过不断学习、应用、练习，熟悉所有工作流程与技巧，累积工作经验。你的工作越纯熟，工作所需的时间就越短；你的技能越熟练，生产力就提升得越快。

（5）集中处理。把许多性质相近的工作或活动，例如收发 E-mail、填写工作报表、填写备忘录等，集中在同一个时段来处理，这会比一件一件分开在不同时段处理要节省很多时间，也就能提高效率。

（6）简化工作。尽量简化工作流程，将许多分开的工作步骤加以整合，变成单一任务，以减小工作的复杂度。另外，运用授权或是外包的方式，避免把时间花费在低价值的工作上。

（7）合理利用碎片化时间。化整为零，合理利用碎片化时间，提升自己的学识和能力，就一定会有所收获。

7. 嘴巴甜一点

嘴巴要甜指的是处理人际关系时需要重视有效沟通。在分工越来越细的情况下，团队合作越来越重要，要想团队合作愉快，就要与他人进行良好的沟通。

人人都喜欢听好听的话，乘客也不例外。因此，对于服务人员来说，嘴巴甜也是乘客感到满意的一个重要因素。当然，服务语言的艺术性也是需要下功夫训练的。

8. 肚量大一点

常言说得好：宰相肚里好撑船。古今中外，凡是想干大事、能成大事者，都有大的肚量，胸襟宽阔，虚怀若谷，能容天下难容之事，能容他人难容之人。因为只有这样，才能团结一切积极因素，凝聚各种各样的人才，形成干大事、成大事的强大合力。

9. 脑筋活一点

这主要体现在服务的灵活性方面。在服务过程中，有很多意外情况或突发事件是服务人员难以预料的。企业要引入灵活的机制，顺应市场、开拓创新、与时俱进，想乘客所想、急乘客所急。

10. 理由少一点

任何问题都可以找到理由，但对于服务人员来说，找理由、追究责任并不能让客人感到满意，需要做的是马上想办法解决问题。遇到问题时，正确的做法是：剖析原因，找出错误之处，确定对策，积极整改。

二、职业习惯

城市轨道交通企业是服务性很强的窗口单位，城市轨道交通企业员工应养成良好的职业习惯。

（一）遵纪守时

遵纪守时是一种传统美德，是一种习惯，是员工必备的职业习惯。人的行为改变习惯，习惯养成性格，性格决定命运。培养遵纪守时的良好习惯，是个人成功的关键。

习惯是一种重复性的、通常为无意识的日常行为规律，它往往通过对某种行为的不断重复而获得。习惯是人思维和性格的某种倾向，是一种习惯性的态度和行为。科学研究发现，坚持一个行动，关键在头三天，如果能坚持 21 天以上，就能形成一个习惯；如果坚持 90 天以上，就会形成稳定习惯。因此，我们应该从细节出发，在平日的工作生活中做到按时到岗、主动购票、自主排队、开会守时、遵守会场纪律、遵守规章制度、规范操作设备等，培养遵纪守时的良好习惯。

遵纪守时，爱岗敬业，尽忠职守，克己奉公，我们多一分用心，乘客的安全就多一分保障。只有严格要求自己，才能顺利、出色地做好自己的工作。

（二）尊重他人

人与人之间的交流，都应建立在真诚与尊重的基础上。人唯有尊重他人，才能赢得他人的尊重。尊重他人不仅是一种态度，还是一种能力和美德，更是应具备的职业习惯。

在某种意义上，不加掩饰，直接表露或宣泄情绪是无能、自私的表现，只会导致事态恶化，造成大家都不愉快的结局。掩饰并非虚伪和造作，只是选择适当的语言和时机做适当的事情。不要不顾别人的感受对他人的缺点大肆批评，也不要用尖刻的语言去伤害他人，不要取笑他人或是对别人感到不屑，这些都是对他人不尊重的表现，是与他人愉快交流的一大障碍。

关爱特殊人群也是城市轨道交通企业员工服务大众、服务社会的基本体现。城市轨道交通企业员工应用实际行动演绎尊重每一名乘客、关爱每一个生命、帮助每一个求助的人的品德。

（三）礼貌待人

在城市轨道交通运营服务中，礼貌待人是基本的职业习惯。礼貌待人可以在服务人员和乘客之间架起理解的桥梁，减少不必要的矛盾。文雅的礼仪，和气、宽容的态度和语言，不但可沟通人们的心灵，而且反映了一个人的思想和文化修养。正如俗话说：礼到人心暖，无礼讨人嫌。

（四）勇于承担责任

无论是在工作中还是在生活中，人们往往对于承认错误和承担责任怀有恐惧感，因为承认错误、承担责任会与接受惩罚相联系。有些员工在出现问题时，首先把问题归罪于外界或者他人，总是寻找各式各样的理由和借口来为自己开脱。在很多管理者看来，这些都是无理的借口，并不能掩盖已经出现的问题，也不会减轻要承担的责任。

没有责任感的员工不是优秀的员工。缺乏责任感难免会失职，与其为自己的失职找寻借口，倒不如坦率地承认自己的失职。敷衍塞责，找借口为自己开脱，会让人觉得你缺乏责任感，不愿意承担责任。没有谁能做得尽善尽美，一个主动承认错误的员工至少是勇敢的。从如何对待已经出现的问题，能看出一个人是否勇于承担责任。

（五）持续学习

21 世纪是知识经济时代，国际化的竞争表现为学习能力和学习速度的竞争。

企业要保持竞争优势，就必须努力提升企业学习力和创新力，具有比竞争对手更高的学习能力。时代的巨轮在不断向前推进，企业应倡导互相学习，倡导共同学习，倡导终身学习。

在瞬息万变的市场上，凡是依赖于旧有的知识和依循以往的方式解决新问题，终将无法避免被淘汰的命运。没有人会等待你成长，激烈的竞争只会让我们体验到不进则退的必然性。我们必须突破自身的窠臼，向一切优秀之人、之事、之物学习。面对一个快速变革的未来，企业和个人都必须不断地学习以往并不熟悉的知识，面对从未遭遇的困难。企业要鼓励员工保持谦逊、积极的学习心态，通过互相学习，形成良好的“比学赶帮超”氛围；还要敞开胸怀，走出去，行动起来，向市场学习，向外部学习，向对手学习，敢于从中找出自身的不足，努力取得突破。在变革的年代，学习意味着一种生活方式，意味着更新和发展、灵活和进取，意味着持续超越。

职业生涯规划是员工保持学习热情的必要条件。员工进入企业必须明确职业生涯目标，列出自己的成长规划。没有目标的人和有目标的人，会是两种截然相反的学习态度。没有明确的职业生涯目标与规划的员工，不知道自我学习和提高，一旦遭到不公平的待遇和挫折便灰心丧气，抱怨环境，不思进取。而有了明确的职业生涯目标与规划，就有了学习的热情和动力，遭到挫折和失败时，就会不断改进，调整自己的状态。

员工成长工程是一项系统、长久的工程。企业的发展离不开人才，人才的培养需要企业员工持续学习。企业可通过鼓励内部竞争、创造学习型组织、营造团队氛围、完善培训体系和评价体系，激发员工的学习热情，推动员工成长。员工是企业最大的财富，推动员工成长符合企业发展的要求，也是激励员工、关爱员工的具体体现。

任务实施

实训

实训目标：通过实操训练，提升学员的设备操作技能、应急处置能力和服务管理能力。

实训内容：通过角色扮演、情景模拟等方式，训练学员的服务礼仪和沟通技巧，提升服务质量。

实训准备：2~3人一组，针对以下两种情景设置任务实施方案（5分钟）。

【情景1】服务礼仪实训

在车站或模拟服务场景中，学生进行服务礼仪训练。教师首先讲解服务礼仪的基本要求和规范，然后通过角色扮演、情景模拟等方式让学生进行实操训练。学生需要掌握与乘客的沟通技巧、服务礼仪的规范动作等，并在模拟的服务场景中进行实战演练。

【情景2】列车驾驶操作实训

在模拟驾驶室内，进行列车驾驶操作训练。教师首先讲解列车驾驶的基本流程和注意事项，然后让学生在模拟驾驶室内进行实操训练。学生需要掌握列车的启动、加速、制动、紧急停车等基本操作，并在模拟的行车环境中进行实战演练。

要求：以抽签的方式随机领取任务和序号，每组按照序号顺序上台进行情景模拟训练。在任务实施过程中应体现规范的职业标准与良好的职业习惯。

评分标准：

序号	评价项目	分数	评分记录		
1	学习准备	10	学生自评	组间互评	教师评分
2	知识理解	20			
3	参与讨论主动性	20			
4	沟通协调	20			
5	语言表达	20			
6	思维拓展	10			
总分		100			
注：评价满分为100分，85分以上为优秀，75~84分为良好，60~74分为及格					

思考与实践

一天，一位60多岁的乘客双手推着轮椅缓慢地进了站厅。你作为站厅巡岗的工作人员该如何做？请做一份设计方案，要求礼仪正确、流程规范。

模块 4　城市轨道交通员工职业技能

模块概述

本模块围绕城市轨道交通行业员工的核心职业能力展开，涵盖人际沟通与团队协作、时间分配与情绪管理、学习创新与信息处理三大单元，旨在培养员工在复杂工作场景中所需的综合素养。通过理论讲解、案例分析及情景模拟实训，帮助学员掌握沟通协作的核心技巧，提升时间规划与情绪调节能力，强化学习创新与信息处理技能，以适应城市轨道交通行业高效运营、优质服务及可持续发展的需求。

学习目标

• 知识目标

1. 掌握人际关系的定义、原则及冲突成因，理解沟通的要素及沟通类型。

2. 熟悉团队构成的“5P”要素及团队精神的核心特征。

3. 了解有效沟通的障碍及应对策略，明确团队协作的关键。

4. 掌握时间管理的核心原则及具体方法。

5. 理解情绪的定义、情绪劳动的三维度及情绪管理方法。

6. 熟悉城市轨道交通场景中时间分配与情绪管理的协同作用。

7. 掌握学习力的三要素及创新性学习的特征。

8. 熟悉信息分类及整理原则。

9. 了解电子资料管理技巧与信息安全防护方法。

• 能力目标

1. 能够运用倾听、赞美、幽默等沟通技巧化解人际矛盾，模拟乘客服务场景中的礼貌应对。

2. 具备团队协作意识，能根据“刺猬理论”“鲶鱼效应”分析团队问题，提出优化方案。

3. 通过情景模拟实训，提升情绪管理能力与职业礼仪规范。

4. 能够制订个性化时间管理方案，灵活应对突发任务。

5. 能够运用情绪管理技巧调节自身情绪，模拟乘客安抚场景。

6. 能够运用问题导向学习法解决复杂问题并提出创新解决方案。

7. 熟练使用多渠道高效收集信息，并分类整理成可操作方案。

• **素质目标**

1. 培养同理心与服务意识，理解乘客需求与员工情绪劳动的重要性，树立“以人为本”的职业价值观。

2. 培养自律意识与时间观念，理解“今日事今日毕”对职业发展的重要性。

3. 培养终身学习意识，适应知识快速更新的职业环境，避免“安于现状”的思维惰性。

4. 树立创新意识与协作精神，积极参与团队学习与知识共享，推动行业技术迭代。

5. 遵守信息伦理，保护乘客隐私，提升信息安全责任感。

单元4.1 人际沟通与团队协作

问题导入

引导问题1：你在生活中遇到过因为沟通不畅而产生误会的情况吗？举个例子说说当时发生了什么，后来是怎么解决的。

引导问题2：如果同事总是打断你说话，你会有什么感受？你认为怎样的沟通方式能让人更愿意合作？

引导问题3：假设你在车站遇到一位焦急的乘客询问路线，结合“微笑服务”和“耐心倾听”，你会如何回应？试着用两句话模拟对话。

引导问题4：有人说“一个和尚挑水喝，两个和尚抬水喝，三个和尚没水喝”，你觉得为什么团队人多了反而效率可能降低？

知识准备

一、人际沟通

（一）人际关系的概述

1. 人际关系的定义

人际关系指人与人之间的相互关系，是人与人在社会生活中建立起来的一定的联系。从心理学角度来看，人际关系是指个人所形成的对他人的一种心理倾向及其相应的心理行为，也即特指人与人之间的心理联系；从社会学角度来看，人际关系是指个人与他人由于血缘、地域、情感、工作以及政治、经济、文化等原因形成的社会联系。

二维码 10　人际沟通与团队协作

2. 人际交往的原则

人际关系的基础是彼此间的相互重视与支持。任何人都不会无缘无故地接纳他人。除此之外，人际交往本质是一个社会交换过程，不论是在生活中还是在工作中，我们处理人际关系时都必须遵循以下几个基本原则，这直接决定了人际关系的顺利发展。

（1）道德与法律的原则。人际交往中，首先应当遵守人际交往的基本规则，即道德与法律。

（2）平等原则。人与人之间的关系是平等的，人与人之间只有社会分工和职责范围的差别，没有高低贵贱之分。不论职位高低、能力强弱，还是职业差别、经济状况不同，人人应享有的政治、法律权利和人格尊严，都应得到同等的对待。因此，人与人之间交往要平等相待，一视同仁，相互尊重，不卑不亢。要尊重别人的爱好、习惯、风俗。只有尊重别人，别人才会尊重自己。

（3）真诚原则。真诚待人是人际交往得以延续和发展的保证，人与人之间只有以诚相待，相互理解、接纳、信任，才能真诚相处、相互团结。交往中要真诚待人、实事求是，要胸怀坦荡、言行一致，唯有如此，才能建立良好的人际关系。

（4）尊重原则。尊重包括自我尊重和尊重他人，这是维系人际关系的前提和基础。自我尊重是自重、自爱，维护自己的人格；尊重他人是重视他人的人格和权利，承认交往双方的平等地位。

（5）友爱原则。儒家有“仁者爱人”之传统，人与人之间应团结友爱。人际交往中要主动团结别人。容人者，人容之。只有互相尊重、虚怀若谷、宽宏大度，才能建立起良好的人际关系。应常怀爱人之心，在别人需要时，献出自己的一分力量。

（6）宽容原则。在追求共同目标的基础上，在人际交往中要互谅互让、宽以待人。在人际交往中运用宽容原则可以帮助人们更好地沟通，也可以让人们相互之间的关系和谐长久。一般而言，宽容原则是指认可对方不一样的观点，学会尊重，避免刻板的评判和不必要的纠纷；另外，也要注意在交流过程中保持同理心，试着用客观理性的态度看待不同的情况，以此来调节关系，营造和谐的氛围。

（7）互助原则。交往双方互相关心、互相帮助、相互支持，既可满足双方各自的需要，又可以促进彼此的联系。患难见知己，在对方最需要的时候，举手之劳、滴水之恩，都会使其铭记在心，加深双方的情谊。

（8）安全原则。一方面，要给对方安全感，让对方乐于与自己交往；另一方面，在交往中也要注重自身的安全，处理好诚实与警觉的关系，防止上当受骗。

3. 人际冲突

人际冲突是指两个及两个以上的人因互动行为导致的不和谐的状态，其实质是观点差异，是一种十分普遍的现象。可以说，只要是有人群的地方，就必然存在人际冲突。

城市轨道交通运营管理是一项复杂的系统工程，需要多工种、多岗位人员参与，集体协作完成。一个工作集体由来自不同地方的人组成，每个人的性格和脾气也不一样，工作以班组或团队的组织形式开展，各成员在彼此适应的过程中，难免会产生摩擦和矛盾，形成人际冲突。因此，处理好人际关系是每个城市轨道交通员工不得不面对的一个基础性课题。

（二）沟通与有效沟通

1. 沟通

人际关系与沟通密切相关，沟通的深度决定人际关系发展的程度，良好的人际关系往往是建立在良好的人际沟通基础之上的，人际沟通是构建良好人际关系的重要手段。那么，什么是沟通呢？

（1）沟通的概念和内涵。沟通本意指开沟使两水相通，如《左传·哀公九年》中有“秋，吴城邗，沟通江淮”。后指两方能通连。沟通是用任何方法，彼此交换信息，即指一个人与另一个人之间用视觉符号、电话、电报、收音机、电视或其他工具为媒介，进行交换信息的行为。

现代管理学中，沟通则表示为了一个设定的目标，把信息、思想和情感在个人或群体间传递，并且达成共同协议的过程，如图 4-1 所示。人际沟通一般指人与人之间的信息交流过程。人们采用言语、书信、表情、通信技术等方式彼此进行事实、思想、意见、情感等方面的交流，以达到人与人之间对信息的共同理解和认识，取得相互之间的了解、信任，形成良好的人际关系，从而实现对行为的调节。

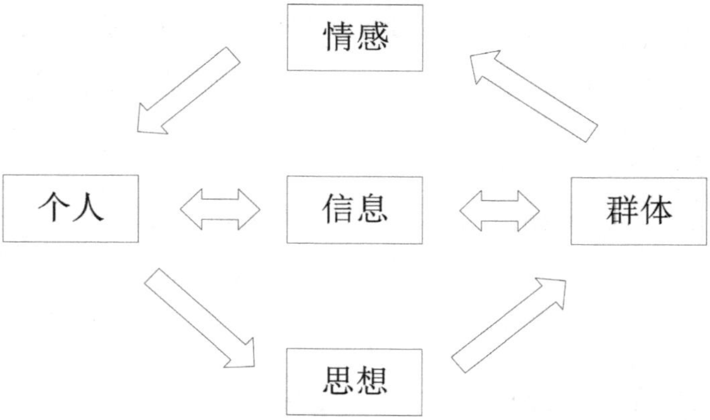

图 4-1　沟通的内涵

（2）沟通的要素。沟通是不同行为主体感情交流或者信息交换的一种有意义的过程，包括以下三大要素。

①有明确的目标。沟通是双方的行为，有明确的目标是前提。如果交流没有目标，那就不是沟通，只能叫作闲聊。在管理过程中，管理者如果清楚了自己的目标、对方的目标、自己的底线、对方的底线，就能明确沟通的目标，在目标的指引下与员工进行有效的互动，把沟通控制在预定的目标范围内，推动沟通向深入进行。在沟通场景中主要可以设置两类目标。一是愿景性目标。为了建构一个更友善的对话氛围，很多人在开始沟通前会说："×××先生，非常高兴有机会和您见面，我相信我们都有合作的愿望，也相信我们能很愉快地完成今天的沟通，实现双赢合作。"这便是一种愿景性的目标，能让我们有更清晰的方向感以及具体希望达成的愿景。二是现实性目标。其可以让每一场对话都产生具体的成果，即使是短促的对话，也能产生成果。比如："×××，这段时间辛苦了，请问今天提到的文件做完了吗？如果做完了麻烦尽快给王总，如果没有做完，我们赶紧一起商量下怎么尽快做完。"

②达成共同的协议。沟通结束以后一定要达成一个双方或者多方都共同承认的协议，只有形成了这个协议才叫完成了一次沟通。如果没有达成协议，就不能称之为一次真正的沟通。

③包含信息、思想和情感。沟通的内容不仅仅是信息，还包含着思想和情感。单纯传递信息是非常容易的事，可是思想和情感是不太容易沟通的。事实上，我们在实际工作的沟通过程中，传递更多的是彼此之间的思想和情感，信息并不是沟通的主要内容。

（3）沟通的类型。沟通是人们社会生活的基本要求之一，也是组织得以生存、运行和发展的必备功能之一。沟通的概念很广泛，类型十分复杂，而且几乎每一种类型的沟通都与我们的日常生活有着密切的联系。

按照沟通的性质不同，沟通可以分为以下六种类型。

①说服式沟通。其目的是一方就某些问题劝导、说服另一方。因为是以说服为目的，所以说服者在沟通中是沟通方向和内容的控制者，是发话的主体，在沟通中起关键作用。由于被说服者是沟通目的的承载者，在沟通中也起着十分重要的作用。没有被说服者的配合和转化，沟通不可能有效进行。

②商讨式沟通。其目的是通过交谈者的相互讨论、共同协商，就某一问题统

一意见或达成合作协议，比如外交谈判、经贸洽谈等活动。这种沟通应该具有统一性、建设性和合作性的特点，要求沟通双方严肃、认真地表达自己的见解，耐心听取对方的意见，从一定的原则出发，求同存异，达到交谈的目的。

③辩论式沟通。其目的是能够从多方面思考问题，从而开阔视野，更好、更透彻地理解问题分析问题和解决问题。这样的沟通形式通常是有胜负的，各方会从己方观点来寻找论据，支持论点。这种辩论式沟通，应该注意说话的科学性、针对性和严肃性。

④调查式沟通。其目的在于通过收集和分析信息以解决特定问题或探索某种现象。调查式沟通是一方回答另一方提出的问题，双方互相配合，它要求问话者的言辞要有目的性、明确性和启发性；答者的语言具有针对性、真实性和完整性。

⑤倾诉式沟通。其目的是一方将自己的欣喜、苦恼、怨恨以及打算或决定告诉对方，与对方分享喜悦或让对方分担烦恼，或者征询对方的意见。这类沟通以说话者对听话者的信赖为基础，往往具有很强的感情色彩。

⑥闲聊式沟通。闲聊式沟通是生活中常见的沟通方式，没有明确的主题和专一的目的，一般起着联络感情、传达信息的作用，比如同事闲聊、探亲访友聊天、邻里聊天等。这类沟通具有随意性和广泛性的特点。

按照沟通信息载体的不同，沟通可以分为以下两种类型。

①言语沟通。顾名思义，言语沟通就是用言语以及和言语相关的方式与人沟通。言语沟通分为口头沟通和书面沟通。

口头沟通是指借助于口头语言实现的信息交流，它是日常生活中最常采用的沟通形式，主要包括口头汇报、讨论、会谈、演讲、电话联系等。

书面沟通是指利用备忘录、信件、传真等传递书面文字或符号。书面沟通有形而且可以核实，沟通的信息可以无限期地保存下来。如果对信息的内容有疑问，完全可以在之后进行查询，所以出现信息失真的风险会相应降低。当然，书面沟通所花费的时间也会是口头沟通的数倍，因为书面沟通不仅需要记录，还需要对信息进行发布等。

②非语言沟通。非语言沟通是指以身体语言以及副语言与人沟通，简单来说

就是靠声音的语气、肢体语言和身体动作与人沟通。其中声音的语气很好理解，人们在不同的状态下会有不同的语气，可以说，语气最能体现出一个人的状态与心情。肢体语言又称身体语言，指通过头、眼、颈、手、肘、臂、身、胯、足等人体部位的协调活动来传达人物的思想，形象地借以表情达意的一种沟通方式。诸如姿势、表情、眼神、形体动作、身体接触以及服装、气味和时间与空间的使用形式等都具有符号意义，都可以通过人的视觉、听觉、触觉、嗅觉等来表情达意。也可以说，身体动作是对物体的操纵，就如同人们在生气的时候会拍桌子一样，不同状态下的身体动作也是自身语言的一种表现。非语言沟通既有助于沟通主体更准确、更清晰地传递信息，也有助于沟通对象更完整、更准确地接受相关信号。

其实，所有的沟通方式都是为了可以和人更好地沟通并传递信息，没有绝对的好坏，各有优缺点，如表 4-1 所示。

表 4-1　不同沟通方式的比较

沟通方式	举例	优点	缺点
口头沟通	交谈、讲座、讨论会、电话	快速传递、快速反馈、信息量大	传递中经过的层次越多，信息失真越严重，核实越困难
书面沟通	报告、备忘录、信件、内部期刊、布告	持久、有形、可核实	效率低，缺乏反馈
非语言沟通	光信号、体态、语调	信息量大，内涵丰富	传递距离有限，界限模糊，只能意会不能言传

（4）沟通的功能。沟通是人类组织的基本特征和活动之一。没有沟通，就不可能形成组织和人类社会。沟通是维系组织存在，保持和加强组织纽带，创造和维护组织文化，提高组织效率、效益，支持、促进组织不断进步发展的主要途径。沟通具有协调、激励、交流、创新、控制五项功能。

①协调。人们为了满足社会需求而和他人沟通，从而实现合作或配合。人需要和他人沟通，就像是需要食物、水一样。我们可以连续长时间地交谈琐碎的事情，交谈不见得包含有意义的信息，但这满足了我们互动的需求，从而让我们觉得身心愉快。俗话说："人心齐，泰山移。"以城市轨道交通班组为例，在班组外部环境中，何一个班组长都会与所在车间人员、其他班组的班组长、社会人员等

产生各种各样的联系，班组长必须与之充分协调，了解其需要，才能采取措施满足其需要；在班组内部环境中，班组长必须了解班组职工各方面的信息，包括班组职工的生理、心理等特点以及职工与职工之间的关系，这样才能组织各岗位的职工向着共同的目标前进。另外，沟通的协调作用还可以使班组内外部环境形成一个有机的整体。

②激励。激励是管理永恒的主题，管理沟通是实施有效激励的基本途径。一方面，在城市轨道交通班组中，班组长运用管理技巧，采取有效措施调动职工积极性的基本前提是班组长必须了解职工的需求，而这就需要通过沟通来实现；另一方面，职工不仅有物质上的需求，而且有精神上的需求，实施有效沟通能使职工主动地进行互动交流，发表自己的看法、建议，从而极大地满足职工自我实现的需求，并不断激发他们的积极性和创造性。

③交流。员工在生产过程中必须及时地将有关信息传递给班组长，如果信息交流中断，后果将不堪设想。班组职工之间的信息流动有助于满足职工的心理需求，改善人际关系，使职工产生强烈的归属感。

④创新。创新是企业发展活力的表现，而管理沟通则是企业创新方案的主要来源。班组内职工的有效沟通，不仅能使班组长迅速发现问题并获取大量的宝贵建议，而且有助于职工相互讨论、相互启发、共同思考，迸发出新的创意，为班组创新提供强大动力。

⑤控制。控制是为保证任务目标实现而对内部管理活动及其效果进行衡量和矫正的一种管理行为。有效控制班组安全风险的前提是信息的获取。一切信息的传递都是为了实现有效控制，而一切有效控制都依赖于信息的传递，有效的管理沟通能够为控制提供基本的前提和保障。

2. 有效沟通

（1）有效沟通的概念。人是复杂的感情动物，在同一件事情上，不同的人可能有巨大的意见分歧，沟通的价值在于可以弥合这些分歧，在一定程度上促成共识。然而在现实生活中，许多沟通都漫无目的，体现不了沟通的价值，我们称之为“无效沟通”。与之相对应的则是“有效沟通”，即信息发送者通过听、说、读、写等方法，演讲、会见、对话、讨论、信件等方式将思维准确、恰当地表达出来，以促使信息接收者更好地接受，其模式如图 4-2 所示。

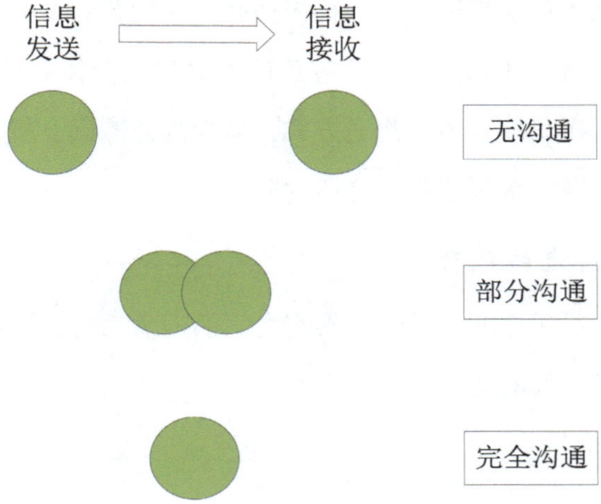

图 4-2 有效沟通模式

（2）有效沟通的作用。有效沟通可以增进彼此间的了解，消除误解、隔阂和猜忌，即使不能达到完全理解，至少也可取得谅解，使企业有和谐的组织氛围，这是提高企业组织运行效益的重要环节，其作用有以下三个方面。

①有效沟通是员工做好工作的前提。只有通过有效沟通，明白工作目标要求、所要承担的责任，员工才能知道要做什么、做到什么程度。

②有效沟通使员工获得自我价值满足。有效沟通是启发员工工作热情和积极性的一个重要方式，给员工带来自我价值的满足，使员工的工作热情和积极性得到提升。

③有效沟通是员工做好工作的保障。只有通过有效沟通，任务负责人才能准确、及时地把握下属员工的工作进展、工作难题，并及时为下属员工工作中难题的解决提供支持和帮助。这有助于员工按照要求及时、高质量地完成工作。

（3）有效沟通的障碍。有效沟通的障碍是指人与人之间、团体之间交流意见、传递信息时所存在的困难。有如下几种类型。

①语言障碍。语言是交流思想的工具，但不是思想本身，加之人用语言表达思想的能力千差万别，因此用语言表达思想、交流信息时，难免出现误差。

②观念障碍。人的社会经历不同、信念不同，对事物的态度和观点也必然不

同，意见沟通中的观念冲突也就不能避免。

③气质障碍。人的个性不同、气质不同，交流信息时难免发生困难。

城市轨道交通不同岗位的员工，往往拥有不同的背景，面对的乘客更是千差万别。因此，在日常工作和交流中，应意识到语言及个体其他方面差异的存在，根据不同的实际情况采取合适的沟通方式，减少沟通障碍，提高沟通效率，从而更好地执行工作任务，为乘客提供优质的服务。

（三）人际沟通的技巧

城市轨道交通员工之间、员工与乘客之间的沟通每时每刻都在发生，掌握一定的人际沟通技巧能够有效减少人际交往障碍，避免人际冲突的产生。

1. 认真倾听

认真倾听是良好沟通的基础，是对别人尊重的表现，也是真心实意关心别人的一种态度，蕴含着一个人的素养和智慧。西方哲学奠基者苏格拉底有句名言：自然赋予人类一张嘴、两只耳朵，就是让我们多听少说。

2. 谦虚的态度

谦虚是一种美德，在人际交往中要主动放低姿态，尊重沟通对象，以坦诚的方式和对方交流。

3. 赞美的言语

赞美并不是指阿谀奉承式的谄媚。使用赞美的言语，发自内心地认可和尊重对方，能够拉近彼此之间的距离，获得对方的信任。

4. 幽默的表达

幽默能够拉近自己和他人的关系，也能化解很多矛盾。当工作沟通中产生理解上的偏差时，幽默能够缓解尴尬的气氛，产生独特的沟通效果。

5. 微笑的服务

以真诚的笑容向乘客提供服务，会让乘客倍感亲切，愉快地接受服务。

6. 礼貌的姿态

得体的语言、姿态和表情能够在沟通中给对方留下良好的印象，有利于沟通目标的实现；相反地，粗俗的语言和举止会使沟通进行困难，更不用说达到沟通目标了。

二、团队协作

（一）团队和团队建设

1. 团队

（1）团队的定义。团队是为了实现某一共同目标而由相互协作的个体组成的正式群体。可以说，所有的团队都是群体，但这并不意味着所有的群体都是团队，只有有着共同目标且相互协作的正式群体才能称为团队。在团队中，团队的所有成员都希望并且要求相互之间提供帮助和支持，以团队方式开展工作。通过这种工作方式可以促进团队成员之间的合作，提高工作效率。

（2）团队的构成要素。团队有5个重要的构成要素，简称“5P”。

①目标（Purpose）。团队应该有一个既定的目标，为团队成员导航，没有目标，这个团队就没有存在的价值。

②人（People）。人是构成团队最核心的力量。3个及3个以上的人就可以构成团队。目标是通过人员具体实现的，所以人员的选择对团队来说非常重要。在一个团队中需要有人出主意，有人订计划，有人实施，有人协调，还要有人去监督工作的进展情况。在人员选择方面，要考虑人员的能力如何，技能是否互补，人员的经验如何。

③定位（Place）。应明确团队在发展过程中处于什么阶段，由谁选择和决定团队的成员，团队最终应对谁负责，团队采取什么方式激励成员。

④权限（Power）。团队中领导人的权力与团队的发展阶段相关。一般来说，在团队发展的初期阶段，领导权相对比较集中；团队越成熟，领导者拥有的权力就越小。

⑤计划（Plan）。目标最终的实现，需要一系列具体的行动方案，计划是实现目标的具体工作的程序。

2. 团队建设

(1) 团队建设的定义。团队建设是企业在管理中有计划、有目的、有步骤地对其成员进行训练、提高的活动。企业通过团队建设可以迅速而有效地解决一些新出现的问题，推行一些新的工作方法，增加组织的凝聚力，提高团队成员的整体素质。

(2) 团队建设的基本要求。

①清晰的目标。一个高效团队必须有一个奋斗目标，团队成员对于其所要达到的目标必须有一个清楚的认识，理解这一目标所包含的重大意义。团队成员要把个人目标与团队目标紧密地结合在一起，在追求个人目标的同时最大限度地实现团队目标。

②共同的信念。高效团队的成员会对团队表现出高度的忠诚，抱有坚定的信念。为使群体获得成功，他们愿意尽最大努力完成工作。这种共同的信念使团队具有极强的凝聚力和协作力，能够调动和发挥团队成员的最大潜能。

③信任的氛围。成员之间的相互信任是有效团队的必要条件和显著特征，只有团队中的每个成员对其他成员的品行和能力都深信不疑，团队才有可能协同发挥作用。所以，团队中必须营造相互信任的氛围，否则很难发挥团队的作用。

④良好的沟通。一个高效团队必不可少的特点之一就是拥有良好的沟通，通过交流信息、看法和经验促进团队成员的共同进步。

⑤必要的技能。一个优秀的团队必然是高素质的团队，是由一群有能力的成员组成的。他们具备实现团队目标所需的技能和素质，相互之间能够很好地合作，从而出色地完成任务。与此同时，团队中的成员还应具备调整技能的能力，应随着团队环境的变换而不断进行自我调整，以适应团队工作的需要。

⑥优秀的领导。任何一个团队都需要一个强有力的领导者带领团队开展活动。在一个高效运转的团队中，领导者的作用至关重要。优秀的领导者能够带领团队成员共同度过艰难的时期，为团队发展指明方向。

⑦良好的环境。高效团队的一个必需条件就是它的支持环境。从内部条件来看，团队应拥有一个合理的基础结构。从外部条件来看，团队应当具有优秀的文

化氛围。如果一个团队的文化积极上进，崇尚开放、包容、团结协作的作风，其工作成效往往较显著。

（3）特色团队。为推动团队发展，除了要有人性化与制度化并存的管理模式外，还要突出团队精神，彰显团队优势，增强竞争力和凝聚力，因此构建一个具有特色的团队尤为重要。常见的特色团队类型有知识型团队、学习型团队、创新型团队、服务型团队等。

以学习型团队为例，它是指一个为完成共同目标，共享信息和其他资源，并按一定规则和程序，通过充分沟通和协商开展工作的群体。相对于“制度+流程”的控制性、机械性组织而言，学习型团队是一种模仿性、嬗变性的组织，强调不断学习新知识、新技能，完善自身行为，根据外部环境的变化作出调整，更好地适应快速发展的科技和瞬息万变的环境，实现持续改进和发展。学习型团队重点要解决学习动力和学习能力两个问题。

（二）团队精神

1. 团队精神的定义

团队精神是大局意识、协作精神和服务精神的集中体现，核心是协同合作，反映的是个体利益和整体利益的统一，进而保证组织的高效率运转。

2. 团队精神的作用

（1）团队精神能推动团队运作和发展。在团队精神的作用下，团队成员产生了互相关心、互相帮助的交互行为，显示出关心团队的主人翁意识，并努力自觉地维护团队的集体荣誉，自觉地以团队的整体声誉为重，以此约束自己的行为，从而使团队精神成为企业自由、全面发展的动力。

（2）团队精神能培养团队成员的集体意识。一个具有团队精神的团队，能使每个团队成员显示高涨的士气，有利于激发成员工作的主动性，由此形成集体意识。有共同的价值观，团结友爱，团队成员才会自愿将自己的聪明才智贡献给团队，同时使自己得到更全面的发展。

（3）团队精神有利于提高组织整体效能。通过发扬团队精神，增强团队成员的亲和力，能够提高企业的凝聚力，激发组织整体效能。

3. 团队精神的特征

（1）团队精神的基础——挥洒个性。团队精神不是集体主义，不是泯灭个性、扼杀独立思考。一个好的团队，应该鼓励和正确引导成员强化团队意识，绽放个人光芒，打造团队精神。团队业绩从根本上说，首先来自团队成员个人的成果，其次来自集体的成果，团队依赖个体成员的共同贡献而得到实实在在的集体成果。这里恰恰不是要求团队成员都牺牲自我去完成同一件事情，而是要求团队成员都发挥自我能动性去做好这一件事情。即团队效率的培养，团队精神的形成，其基础是尊重个人的兴趣和成就。设置不同的岗位，选拔不同的人才，给予不同的培养和肯定，让每一个成员都拥有特长、表现特长，这样的氛围越浓厚越好。

（2）团队精神的核心——协同合作。社会学实验表明，两个人以团队的方式相互协作、优势互补，其工作绩效明显优于两个人单干时的绩效总和。团队精神强调的不仅仅是一般意义上的合作与齐心协力，它还要求发挥团队的优势，其核心在于团队成员在工作中加强沟通，利用个性和能力差异，在团结协作中实现优势互补，发挥协同效应，实现“1+1>2”的效果。因此，共同完成目标任务的保证，在于团队成员才能上的互补，在于发挥每个人的特长，并注重流程，使之产生协同效应。

（4）团队精神的最高境界——团结一致。全体成员的向心力、凝聚力是从松散的个人集合走向团队最重要的标志。在这里，有一个共同的目标并鼓励所有成员为之奋斗固然是重要的，但是向心力、凝聚力来自团队成员自觉的内心动力，来自共同的价值观，在没有展示自我机会的团队里很难形成真正的向心力。

（5）团队精神的外在形式——奉献精神。团队总是有着明确的目标，实现这些目标不可能总是一帆风顺的。因此，具有团队精神的人，总是拥有强烈的责任感，充满活力和热情，为了确保完成团队赋予的使命，和团队成员一起努力奋斗、积极进取、进行创造性的工作。在团队成员对待团队事务的态度上，表现为团队成员在自己的岗位上尽心尽力，为了整体的和谐而主动甘当配角，自愿为团队的利益放弃自己的利益。

（三）团队协作的关键

团队协作是建立在团队的基础之上，发挥团队精神，互补互助，以达到团队的最大工作效率，实现“1+1>2”的效果。实现团队协作关键要做到以下几点。

1. 信任

团队是一个相互协作的群体，需要团队成员之间建立相互信任的关系。只有相互信任、相互依赖，团队中的每个人才能发挥出自己最大的优势，整个团队才能收集到更多的智慧，更具有竞争力。信任是团队协作的基石，是团队内部的一种激励，是团队前进的内在动力。若没有信任，团队内就将缺少真诚的交流，而没有交流，可能会产生猜疑，团队的矛盾就会越来越多，整个团队也就形同散沙，毫无力量可言。因此，培养团队能力的基础就是相互信任。

2. 宽容

团队成员间的相互宽容，指包容各自的差异性和独特性。宽容是让一个人尽快融入团队的捷径，它是团队合作中最好的润滑剂，能消除分歧和矛盾，使团队成员相互尊重、彼此包容、和谐相处，从而安心工作，促进团队发展。

3. 沟通

团队成员间的沟通能力是保持团队旺盛生命力的必要条件。当团队遇到困难和矛盾时，有效的沟通能加快解决问题的速度。持续有效的沟通，能充分体现一个团队良好的团队精神。团队成员唯有从自身做起，有方法、有层次地对其他成员发表意见并探讨问题，汇集经验和知识，才能培养团队意识，激发自身和团队的力量。因此，培养团队协作能力，就要培养和提高自身的沟通能力。

4. 奉献

奉献可以激发团队成员的工作动力，能为工作注入能量。在团队中，只有整体的利益得到满足了，个人的利益才会实现。一个人与整个团队相比，是渺小的，太过计较个人得失的人，永远不会真正融入团队。而拥有极强全局意识的人，最终会是最大的受益者。因此，奉献精神也是培养团队精神中的一个重要因素。

5. 尊重

平等待人，有礼有节，既尊重他人，又尽量保持自我个性，这是团队合作的能力之一。只有团队中的每一个成员都尊重彼此的意见和观点，尊重彼此的技术和能力，尊重彼此对团队的贡献，团队才会得到最大的发展。

6. 欣赏

每一个人的身上都有闪光点，都值得去学习。要想成功地融入团队，就要善于发现每个成员的优点。团队的高效率在于每个成员配合的默契，而这种默契来自团队成员的互相欣赏、扬长避短。如果达不到这种默契，团队合作就不可能真正成功。

任务实施

实训

实训目标：根据已学知识完成人际沟通服务的工作任务。

实训内容：问询服务

实训准备：2~3 人一组，针对以下四种情景设置任务实施方案（5 分钟）。

【情景 1】某大学调查结果显示：在 500 名被解职的员工中，因人际沟通不良而导致工作不称职者占 82%。另一大学对 1 万份人事档案进行了分析，结果是：智慧、专业技术、经验只占成功因素的 25%，其余 75%取决于良好的人际沟通。请结合自身经历，谈谈你对人际沟通的重要性的理解。

【情景 2】“刺猬理论”源于刺猬在天冷时彼此靠拢取暖，但保持一定距离，以免互相刺伤的现象。在管理学中，“刺猬理论”强调的就是人际交往中的“心理距离效应”，对此谈谈你的看法。

【情景 3】请说说图 4-3 展示的交谈时的身体姿态表达和传递了哪些信息。

图 4-3　交谈时的身体姿态

【情景 4】请说说图 4-4 展示的鞠躬姿势分别适用于哪些场合。

图 4-4　鞠躬姿势

要求：以抽签的方式随机领取任务和序号，每组按照序号顺序上台进行情景模拟训练。在任务实施过程中应礼仪规范、程序正确，充分体现出“耐心倾听、微笑服务、积极应对、快速处理”的 16 字口诀。

评分标准：

序号	评价项目	分数	评分记录		
1	学习准备	10	学生自评	组间互评	教师评分
2	知识理解	20			
3	参与讨论主动性	20			
4	沟通协调	20			
5	语言表达	20			
6	思维拓展	10			
总分		100			
注：评价满分为 100 分，85 分以上为优秀，75~84 分为良好，60~74 分为及格					

思考与实践

1. 团队中为什么会有“三人成虫”的现象？为什么有时“三个臭皮匠能胜诸葛亮”？

2. 鲶鱼在搅动小鱼生存环境的同时，也激发了小鱼的求生能力，这种现象一般称为“鲶鱼效应”。有人说，这是打造优秀团队的不二法则。谈谈你对此的理解。

单元 4.2 时间分配与情绪管理

问题导入

引导问题 1：你平时会制订每日计划来安排时间吗？效果如何？

引导问题 2：当任务很多时，你是如何决定先做什么后做什么的？

引导问题 3：如果有一件重要但不紧急的事情，你会选择立刻做还是先处理其他任务？为什么？

引导问题 4：当你感到压力或生气时，通常会怎样调整自己的情绪？

引导问题 5：你认为保持好心情对学习和生活有哪些帮助？

知识准备

一、时间管理

（一）时间管理概述

1. 时间管理的定义

时间管理指通过事先规划和运用一定的技巧、方法与工具实现对时间的灵活、有效运用，从而实现个人或组织的既定目标的过程，其作用是更有效地运用时间。

2. 时间管理的原则

在有限的时间和资源下实现目标最大化，是高效管理者工作的重要原则。时间是实现目标的重要因素之一，为了对高效管理者的时间进行更好的管理，我们引入帕累托原则（又称二八定律、80/20 法则），它是 19 世纪末 20 世纪初由意大利经济学家及社会学家帕累托提出的，其核心内容是生活中 80%的结果几乎源于 20%的活动。比如，20%的客户给你带来 80%的业绩，可能创造了 80%的利润；世界上 80%的财富被 20%的人掌握着，世界上 80%的人只分享了 20%的财富。因此，要把注意力放在 20%的关键事情上，如图 4-5 所示。

二维码 11　时间分配与情绪管理

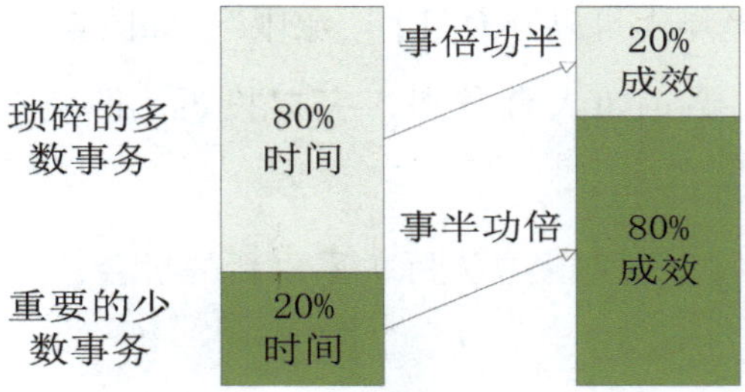

图 4-5　时间的二八定律

在时间管理中运用帕累托原则实际上遵循了时间管理的“优先性原则”，这有助于应对大量有待完成的工作。将一大堆需要完成的工作列出优先次序，把最应优先完成的作为工作中的重中之重，各花上一段时间集中精力把它们完成，只有这样，那些看起来可能无法完成的工作，才能通过我们所完成的那几件重要工作得到解决，从而获得最大的收益。

（二）时间管理方法

完成一件事情可以有许多方法，关键在于能否找出最快捷的方法。遇到事情不要不经思考就直接做，应先花几分钟思考一下，想想有什么方法可以更有效率地完成任务。时间管理主要有以下几种方法。

1. 计划管理法

计划有日计划、周计划、月计划、季度计划、年度计划等，时间管理的重点是待办单、日计划、周计划、月计划。

待办单是事先将你每日要做的一些工作列成一份清单，排出优先次序，确认完成时间，以找出工作重点。要避免遗忘，就要尽可能做到今日事今日毕。

待办单主要包括非日常工作、特殊事项、行动计划中的工作、昨日未完成的事项等。使用待办单最关键的是每天坚持。每天在固定时间制定待办单，并且只制定一张待办单，每完成一项工作划掉一项。此外，待办单要为应对紧急情况留出时间。

每周周末作出下周工作计划，每月月末作出下月工作计划，每季度末作出下季度工作规划，每年年末作出下一年度工作规划。

2. 时间“四象限”管理法

管理学家科维提出了一个时间管理的理论，把工作按照重要和紧急两个不同的程度进行划分，基本上可以分为四个“象限”，如图 4-6 所示。

（1）紧急且重要（如人事危机、客户投诉、即将到期的任务、财务危机等）；

（2）重要但不紧急（如建立人际关系、新的机会、人员培训、制定防范措施等）；

（3）紧急但不重要（如电话铃声、不速之客、行政检查、主管部门会议等）；

（4）既不紧急也不重要（如客套的闲谈、无聊的信件、个人的某些爱好等）。

时间管理理论的一个重要观念是应有重点地把主要的精力和时间集中地放在处理那些重要但不紧急的工作上，这样可以做到未雨绸缪，防患于未然。人们在日常工作中，很多时候往往有机会去很好地计划和完成一件事，但又没有及时地去做，随着时间的推移，工作质量逐渐下降。因此，把主要的精力放在重要但不紧急这个“象限”的事务上是必要的，这需要很好地安排时间。一个好的方法是建立预约机制。建立了预约机制，自己的时间才不会被别人占据，从而有效地开展工作。

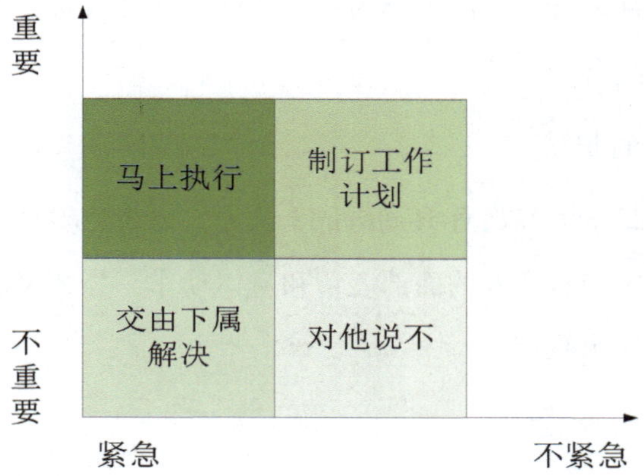

图 4-6 时间“四象限”管理法

3. 考虑不确定性

在时间管理的过程中，还须应对意外的不确定性事件，因为“计划赶不上变化”，需为意外事件留时间。有三个预防此类事件发生的方法。

（1）为每项计划都留有多余的预备时间。

（2）努力使自己在不留余地又饱受干扰的情况下完成预计的工作。这并非不可能，事实上，工作快的人通常比慢吞吞的人做事更精确。

（3）准备一套应变计划。

迫使自己在规定时间内完成工作，需要对自己的能力有信心。考虑到时间管理的不确定性，在不忙的时候，一般要先把必须做的工作尽快解决。

要很好地完成工作就必须善于利用自己的工作时间。工作是无限的，时间却是有限的。时间是最宝贵的财富，没有时间，计划再好，目标再高，能力再强，也是徒劳。要充分合理地利用任何可利用的时间，压缩时间的流程，使时间价值最大化。

二、情绪管理

（一）情绪管理概述

1. 情绪的定义

情绪是个体对外界刺激的主观的有意识的体验和感受，具有心理和生理反应的特征。情绪无好坏之分，一般划分为积极情绪、消极情绪，但由情绪引发的行为及其后果有好坏之分。

2. 情绪劳动的概念

情绪劳动概念最早的提出者 Hochschild 认为，情绪劳动是组织个体员工在工作中表达出的可被客户观察到的面部表情和身体动作，分为表面扮演、深层扮演和真实情绪的表达三个维度。

3. 情绪管理的概念

情绪管理指通过研究个体和群体对自身情绪和他人情绪的认识、协调、引导、互动和控制，充分挖掘和培植个体和群体的情绪智商，培养其驾驭情绪的能力，从而确保个体和群体保持良好的情绪状态，并由此产生良好的管理效果。

简单地说，情绪管理就是用科学的心理方法有意识地调适、缓解、激发情绪以保持适当的情绪体验与行为反应，避免或缓解不当情绪与行为反应引发的实践活动。科学的心理方法包括认知调适、合理宣泄、积极防御、理智控制、及时求助等。

需要说明的是，情绪管理并非消灭情绪，而是疏导情绪并合理化之后的信念与行为，其目的是让人以最恰当的方式来表达情绪。如同亚里士多德所言：“任何人都会生气，这没什么难的，但要能适时、适所、以适当方式对适当的对象恰如其分地生气，可就难上加难。”

（二）情绪管理方法

1. 情绪的自我管理

在面对不良情绪时，要使用正确、科学的方式探索自己的情绪，调整情绪、理解情绪并放松情绪，成为情绪的主人，形成一定的情绪管理能力。情绪自我管理的方法主要有以下几种。

（1）心理暗示法。心理暗示法就是个人通过语言、形象、想象等方式，对自身施加影响的心理过程。积极的自我暗示能使人保持好心情、乐观的情绪和自信心，能调动内在因素，发挥主观能动性。比如，利用语言进行指导和暗示。当你向乘客推荐产品遭到拒绝时，你可以暗示自己：“这次我表现得不错，成功地向乘客做了产品展示。我的下一位乘客一定会购买的！”当你觉得情绪快要失控时，可以使用“冷静”“三思而后行”“制怒”“镇定”等词来控制自己的情绪。

（2）注意力转移法。注意力转移法就是把注意力从自己的消极情绪转移到其他方面上，可分为注意转移和行动转移。注意转移是指把注意力从消极情绪转移到其他方面上；行动转移是指把情绪转化为行动的力量，把怒气等消极情绪转移到其他积极活动之中。注意力转移法可以中止不良刺激源，防止不良情绪的蔓延。另外，通过参与新的活动能够增强积极的情绪体验。比如，关注自己感兴趣的事物。当感到工作压力大时，可以通过外出散步、看电影、读书、打球、下棋、聊天等方式来缓解不良情绪。

（3）适度宣泄法。过分压抑会使情绪困扰加重，适度宣泄则可以把不良情绪释放出来，从而使紧张情绪得以缓解。比如，向好友倾诉自己心中的不平和委屈，进行劳动或体育运动，在空旷的山野大声叫喊。需要注意的是：采取宣泄法时，应该增强自制力，不要随便发泄不满或者不愉快的情绪，应该采取正确的方式，选择适当的场合和对象进行。

（4）自我安慰法。自我安慰法能够帮助人们积极面对挫折、消除焦虑，有助于保持情绪的安宁和稳定，避免精神崩溃，可以达到自我激励、总结经验、吸取教训的目的。比如，执行任务失败时，找出合乎内心需要的理由来说明或辩解，安慰自己“塞翁失马，焉知非福”。

（5）交往调节法。不良情绪常常是由人际关系矛盾和人际交往障碍引起的，通过交往可增强自己战胜不良情绪的信心和勇气，能更理智地去对待不良情绪。比如，找朋友交流谈心。

（6）情绪升华法。将消极情感引导到对人、对己、对社会都有利的方向上。比如，化悲愤为动力。在生活中受到挫折时，可以把注意力转移到工作中去，在工作中证明自己的能力。

2. 企业对员工的情绪管理

企业需要时刻关注员工的情绪、心理状态，发现问题并及时提供相应的帮助。城市轨道交通运营企业追求高质量的服务品质，会从规章制度、物质奖惩等角度来约束员工的外在表现，使其按照公司的服务要求来工作。但是，如果仅关注员工的外在表现和工作结果，忽视员工的情绪、心理状态，就会影响公司人员的稳定性，对公司的长远发展不利。城市轨道交通运营企业应该从以下两个方面关注员工的情绪状态。

（1）重视员工的情绪劳动方式。企业想让员工从内心深处接受或者高度认同企业的服务理念和规范，需要将企业的服务文化宣传到位，深入人心，重视精神层面的激励，让员工真心接受，减少表面扮演的现象。

（2）关注员工的工作倦怠感。员工的情绪状态与工作倦怠的关系显著，企业要多关注一线客运服务员工的工作倦怠感，关心员工的情感状态和心理状态，并采取相应的措施来适时调整。

任务实施

实训

实训目标：根据已学知识完成时间管理和情绪管理的工作任务。

实训内容：时间管理和情绪管理。

实训准备：2~3 人一组，针对以下两种情景设置任务实施方案（5 分钟）。

【情景 1】把要做的事情按照紧急、不紧急、重要、不重要的排列组合分成四个象限，这四个象限的划分有利于我们对时间进行深刻的认识及有效的管理。这就是时间管理理论中的“四象限法则”。结合你平时的具体事例，谈谈你是怎样进行时间管理的。

【情景 2】一位父亲在公司受到了老板的批评，回到家就把沙发上跳来跳去的孩子臭骂了一顿。孩子心里窝火，狠狠地去踹身边的猫。猫逃到街上，正好一辆货车开过来，驾驶员赶紧避让，却把路边的孩子撞伤了。这就是心理学上的“踢猫效应”。请从情绪管理的角度谈谈你的看法。

要求：以抽签的方式随机领取任务和序号，每组按照序号顺序上台进行情景模拟训练。在任务实施过程中应礼仪规范、程序正确。

评分标准：

序号	评价项目	分数	评分记录		
1	学习准备	10	学生自评	组间互评	教师评分
2	知识理解	20			
3	参与讨论主动性	20			
4	沟通协调	20			
5	语言表达	20			
6	思维拓展	10			
总分		100			
注：评价满分为100分，85分以上为优秀，75~84分为良好，60~74分为及格					

思考与实践

在城市轨道交通系统中，时间分配与情绪管理对于提升运营效率、保障乘客体验以及维护员工心理健康至关重要。请结合城市轨道交通的实际运营情况，探讨并提出以下几个方面的优化策略。

（1）时间分配优化。

①如何根据乘客流量和出行需求，动态调整列车发车间隔和停靠站点时间，以提高运营效率并减少乘客等待时间？

②在高峰时段和非高峰时段，应如何合理分配列车资源，以确保乘客能够快速、便捷地到达目的地？

③针对换乘站点，应如何设计合理的换乘时间，以减少乘客换乘时的等待和不便？

（2）情绪管理优化。

①在列车延误、车厢拥挤等突发情况下，应如何及时、有效地向乘客传递信息，并采取措施缓解乘客的焦虑情绪？

②如何通过改善车厢环境、提供便捷的购票和安检服务等方式，提升乘客的出行体验，从而降低负面情绪的产生？

③针对城市轨道交通系统的员工，应如何提供必要的心理健康支持和培训，帮助他们有效管理情绪，提升工作效率和服务质量？

(3) 时间分配与情绪管理的协同作用。

①如何通过优化时间分配，减少因列车延误、车厢拥挤等问题导致的乘客情绪问题？

②在情绪管理方面，有哪些措施可以反过来促进时间分配的合理性，提高运营效率？

请结合以上问题，提出具体的优化策略，并阐述这些策略如何在实际运营中实施以及预期达到的效果。同时，也可以考虑引入新技术、新方法，如智能调度系统、情绪识别技术等，来进一步提升时间分配与情绪管理的效果。

单元 4.3　学习创新与信息处理

问题导入

引导问题 1：你平时会给自己制订学习计划吗？觉得计划对学习有帮助吗？

引导问题 2：如果遇到一道难题，你会选择自己思考还是和同学一起讨论？为什么？

引导问题 3：你觉得“创新”和“学习”有什么关系？举一个你学习时尝试新方法的例子。

引导问题 4：当你需要查资料完成作业时，通常会从哪里找信息？

引导问题 5：有没有遇到过收集的资料太多，最后找不到需要的内容的情况？当时你是怎么解决的？

知识准备

一、学习创新

(一) 学习创新概述

1. 学习

学习指以快捷、简便、有效的方式获取准确的知识信息，加工和利用信息，把新知识融入已有的知识、分析和解决实际问题的能力。

学习能力是所有能力的基础。

2. 学习力

学习力即转化知识的能力，是一个人的学习动力、学习毅力和学习能力的综合体现。因此学习力的三个要素是：学习动力、学习毅力和学习能力。

二维码 12　学习创新与信息处理

（1）学习动力。学习动力主要包括学习需要、学习情感和学习兴趣。

（2）学习毅力。学习毅力是学习行为的保持因素，在学习力中不可或缺。

（3）学习能力。学习能力是产生学习力的基础因素，主要包括感知力、记忆力、思维力、想象力等。

学习力的三个要素不是孤立存在的，它们之间有着内在的联系：学习动力体现了学习者的目标；学习毅力反映了学习者的意志；学习能力则来源于学习者掌握的知识及其在实践中的应用。当有了努力的目标，学习者只是具备了“应学”的动力；当具备了丰富的理论和实践经验，学习者仅仅具有了“能学”的力量；而当学习的意志很坚定的时候，学习者不过是有了“能学”的可能性。只有将三者合而为一，集于一身，学习者才真正地拥有学习力。

现代社会的一个重要特征是知识创造与更新的速度日益加快。据估计，在 50 年后人类所拥有的知识总量中，现存知识只占其中的 1%。换句话说，在 50 年后我们所用的知识绝大部分都是新知识。因此，个人社会竞争力的高低不仅仅取决于你现在掌握了多少知识，更大程度上取决于你掌握新知识的速度快慢和能力强弱，也就是说知识折旧速度在加快。计算机和现代通信技术使大部分知识可以复制，拥有某种知识的优势会迅速失去，未来唯一持久的优势是有能力比你的竞争对手学习得更快，所以学习力将是未来个人最核心的竞争力。

3. 创新性学习

创新性学习是适应千变万化的未来社会所应具有的一种学习体系和形式要求，在学习知识的过程中，应不拘泥于书本，不迷信权威，不墨守成规，以已有的知识为基础，结合学习的实践和对未来的设想，独立思考，大胆探索，别出心裁，提出新思路、新问题、新设计、新途径、新方法。

传统的学习是维持性学习，学习者获取的只是固定不变的见解、观点、方法和规则，目的是应对已知的、重复发生的情况，增强学习者解决既定问题的能力，从而达到维持现存社会制度和现存生活方式的目的。创新性学习是一种能带来变化、更新、重组和重新提出问题的学习形式，能使个人和社会在急剧变革中具有对突变提前做好准备的能力和应对能力，是解决个人和社会问题的重要手段。

新一代信息技术的发展给传统城市轨道交通建设、运营、服务方式带来了冲击，也带来了新的发展契机。在此时代背景下，城市轨道交通员工要利用创新性学习的方法，锻炼数字化运用能力，迎接城市轨道交通行业数字化转型带来的职业挑战。

（二）学习创新方法

学习创新方法相对于传统的接受性学习而言，更加突出学习的创造性，是培养创造力和问题解决能力的重要方法。其常见的方法有自主学习法、团队学习法、问题导向学习法等。

1. 自主学习法

自主学习法指学习者充分发挥个体主观能动性进行的创新性学习，即学习过程呈现自主、主动、创新三个相互依存的层次。自主学习法的基本特征是预期性、参与性与创新性。

（1）预期性。预期性体现为学习者进行创新学习，既要有明确的目标意识，能主动规划和安排自己的学习，又要在大量信息中捕捉信息、敏锐感受和理解信息，并能根据自己的需要将信息进行分类、整理。

（2）参与性。参与性体现为学习者参与集体生活，和集体成员相互协作、互相尊重，对社会有强烈的责任感、义务感。

（3）创新性。创新性体现为学习者不满足于获得现成的答案或结果，对所学习的内容能展开独立思考，开展多向思维模式，创造性地探索新的问题。

2. 团队学习法

团队合作意味着“发挥整体作用”。团队学习法就是在团队合作的基础上为达到一致的目标，持续进行全方位学习。实施团队学习法，需要制定学习目标，培养学习文化和气氛，提升学习方法，不断充实和共享学习资源，开展集体学习活动，在团队协作实践中持续、相互学习。

团队学习的主要形式包括：在线学习活动、集体学习活动、信息交换会议、专题会议制度、技巧性讨论和深度会谈讨论。

3. 问题导向学习法

问题导向学习法指学习者带着问题开展学习，并不断寻找信息，提出解决问题方案的学习方式。问题导向学习法的特征主要有如下几个。

（1）问题心理倾向性。问题心理倾向性体现为学习者在心理上有提问题的欲望。问题导向学习需要学习者克服自卑心理，有提问题的意识和勇气。

（2）问题构成目的性。问题构成目的性体现为学习者提出一个问题，要从处理什么样的事情和达到什么样的目的入手。

（3）问题要素开放性。问题要素开放性体现为一个问题要具有问题的条件、问题的结论和从条件到结论间有一定的思维距离这三个要素。要素开放性主要是指问题的条件或问题的结论开放。

一般来说，问题导向学习法要遵循以下四个步骤。

（1）酝酿问题。酝酿问题是指在学习过程中，学习者可能就某些内容产生疑问，经过一定时间的准备，可提出问题。

（2）发现问题。从发现问题的过程来看，发现问题体现学习者的主体地位。发现问题的过程不仅体现学习者的知识素养，也体现学习者的思维品质和学习习惯。

（3）明确问题。明确问题既是一个学习的过程，也是一个不断尝试、探索的过程。

（4）解决问题。解决问题是寻找和接收信息、回忆知识和方法、进行加工处理的过程，是一种较高层次的定向活动。在这一学习过程中，学习者积极围绕问题进行思考，最终构建和完善解题方案，直至解决问题。

二、信息处理

（一）信息的含义

“信息”一词因应用领域不同而有不同的定义。信息大体上分为以下几种。

一是用于自我发展的信息。这种信息对增长自己的见识和促进职业发展有很大的作用。要善于在收集到的信息中挖掘出对个人有价值的信息。

二是用于预测将来的信息。与将来个人发展密切相关的信息可以验证自己的奋斗目标和方向是否符合实际。

三是交往信息。交往信息可用来拓展人际关系，使个人与他人交流时，顺利地捕捉要点切中要害，为自己的工作打开良好的局面。

综合来看，信息应包含下列内容。

一是事实、真实：指还未经“加工”的事件拥有的原始面貌。

二是消息、通知：指由传达而来，已经过某种程度整理的事实。

三是知性、智慧：指由经验或理性推理创造的事实或思考方法。

四是知识：指由发现及思考产生的系统化概念。

五是报告：指经过事实调查后得出的记录结果和结论。

六是资料、记录：指汇集事实后记录下来的所有文字。

七是报道、传闻：指有新闻价值的最新事实和对事实的传达。

（二）信息整理的重要性与方法

现代社会的主要标志是社会生活的信息化、数字化。在现代社会中，信息作为一种重要的资源和财富，越来越受到人们的重视。社会发展更多地依赖人类后天获取信息、存储知识以及处理信息资源的能力。那些善于收集、整理、分析、处理信息的人，能不断地发展进步，获得事业的成功。

信息社会必定是一个终身学习的社会。当代人无论是学习工作，还是求职应聘，最终成功与否，与其获取信息和处理信息能力的强弱息息相关。掌握的信息越多，明辨是非的能力就越强，决策的空间就越大，并可以从中发现新的机遇和新的发展方向，拓展新的发展空间。

信息处理能力是当代大学生的重要能力之一。大学生如果处理信息的能力差，就会对新事物反应迟钝，停留在陈旧落后的思维方式和认知水平上，就会安于现状，失去很多发展的机遇。

收集信息是处理信息的基础和前提。通过信息的收集与整理，可以形成良好的信息收集意识，形成主动利用多种渠道和方式，高效地收集、吸纳有效信息的习惯，帮助我们在有限的时间内收集到足够准确、可靠的资料与依据。下面将从两个方面简要说明如何做到有效整理信息。

1. 信息整理要以缩短“检索时间”为目的

简单地说，整理是以缩短检索时间为宗旨，以提高效率为目的的。“检索时间”原来是计算机领域的专用名词，指从查询、搜索到获得资料的整个过程所花费的时间。例如，当你在写作时，遇到不会写的字，从离开书桌拿字典，到翻开字典找到所要查的字，其间花费的时间便可用“检索时间”来称呼。如果仅仅为了书架外观的整洁漂亮，而在整理书籍时以书的大小分类，外表上看起来也许很美观，可是当你想要找到需要的资料时，却要颇费一番周折。反之，不以书本大小为分类标准，而以种类编排书籍的书架，虽然外表看起来凹凸不平，但以“检索目的”的观点来看，却能发挥书架的真正效用，达到事半功倍的效果。

2. 信息整理要以个人需求为中心

为个人而做的信息整理，不必考虑他人的立场，只需自己使用方便，不用管别人的看法如何。例如，如果想要把百科全书当作装饰品彰显知识和品位，那把它摆在客厅的书架上最合适；但如果想在查资料时能迅速找到想要的书，把它放在书桌前，按固定顺序放好，才能真正做到物尽其用。

在信息整理上，一旦顾虑太多，就无法发挥功效。在整理时，必须以自我需求为原则，并且以缩短检索时间为目的，如此才能设计出一套适合自己的整理方法。但是，如果费心设计出的整理方法，即使未掺杂其他因素，在实行后却发现所需的检索时间比整理前更长，那么这一套整理方法就要重新研究了。

（三）信息收集的技巧

大学生要提高信息素养，必须强化博学观念，以求知若渴的精神，虚心向书本学习、向实践学习、向他人学习，尤其是要认真学习与收集信息有关的知识和方法，以便能够迅速有效地发现和掌握有价值的就业相关信息。获取信息的渠道是宽广而通畅的，形式多样的新闻媒体、四通八达的互联网络、层出不穷的参阅资料、日益增多的社交场合等都是信息的重要来源。要处处留意，及时记录整理收集到的信息，机不可失，时不再来。

1. 杂志资料收集技巧

收集资料时，只选择和主题有关的文章，这样收集的资料才真正有使用价值；以自己的兴趣、专业和经验收集资料，才不致过分空泛。坚持这种取舍原则，专攻自己的专业，一定能找到很多资料。从杂志上撕下来的资料，要立刻用订书机装订好，记下杂志名称和出版日期等，最后再放进资料袋里。如此积存一段时间后，每个资料袋都如一本书，可取出资料审查一遍，再一次决定这些资料是否有保存的必要。

2. 书籍资料收集技巧

大学的图书馆也是一个重要的信息源。有些图书馆只对校友、在校生开放，有些则会对外开放。会利用大学图书馆的人，大多是精于信息收集的人。如果要收集制定行业的信息，不妨在社会的图书馆和资料中心寻找。有些企业甚至有自己的图书室，这也是一个方便的信息源。专门的博物馆也具有图书馆的功能，博物馆的工作人员和图书管理员一样，都有释疑的能力，是不可忽视的信息源。

3. 电子资料收集技巧

电子资料是资料样式之一。它是运用电子计算机和大规模集成电路技术并结合现代通信技术而形成的一种资料。计算机具有电子化、数据化等性能，因而电子资料在储存、检索、传输等方面具有很大的优越性，即容量大、传输快、精确度高、灵活方便、声色俱全、图像可见等。就载体、容量、传输、使用而言，电子资料较之以手工和机械方式为主的传统资料形式是一个飞跃。电子资料的收集与整理有两个重点。

（1）资料视觉化。电子资料不像一般文件能一眼看出所有的记载内容，因此必须通过视觉上的整理，使必要的资料在必要的时间迅速出现。

（2）预防意外事故。为了避免操作失当、机器故障、停电等突发事件导致资料损失，事先制定完善的资料管理方法是相当重要的。无论是使用随身型文字处理机，还是使用台式计算机，都必须注意及时储存和备份资料。

收集信息是一个过程，不要一开始就为了获得全面的信息而投入过多的时间；否则，当耗费了很多精力而又得不到想要的结果时，容易失去兴趣和信心。信息收集应该细水长流，看到了有用的信息就先留存下来，经过一段时间再统一整理，这样才能事半功倍。

任务实施

实训

实训目标：根据已学知识完成客运咨询服务的工作任务。

实训内容：问询服务。

实训准备：2~3 人一组，针对以下三种情景设置任务实施方案（5 分钟）。

【情景 1】随着信息技术的广泛应用，信息安全和乘客隐私保护成为重要议题。请分析城市轨道交通信息处理过程中可能面临的安全威胁，并提出相应的防护策略和最佳实践。

【情景 2】分析城市轨道交通系统中如何建立有效的学习机制，以促进新技术、新方法的快速采纳与实施。探讨如何构建跨组织、跨学科的学习网络，加速创新成果的转化。

【情景 3】研究当前城市轨道交通乘客信息系统的功能与设计，思考如何通过创新手段（如增强现实、个性化推荐等）提升乘客的信息获取体验和满意度。

要求：以抽签的方式随机领取任务和序号，每组按照序号顺序上台进行情景模拟训练。在任务实施过程中应礼仪规范、程序正确。

评分标准：

序号	评价项目	分数	评分记录		
1	学习准备	10	学生自评	组间互评	教师评分
2	知识理解	20			
3	参与讨论主动性	20			
4	沟通协调	20			
5	语言表达	20			
6	思维拓展	10			
总分		100			
注：评价满分为 100 分，85 分以上为优秀，75~84 分为良好，60~74 分为及格					

思考与实践

请结合以下案例，查阅相关资料，谈谈你对学习创新的认识。

香港铁路有限公司的“创新学习”之路

香港铁路有限公司前身为香港地铁公司，于 1979 年开始运营中国香港的轨道交通系统。香港铁路有限公司选择了不断创新的发展战略，其中一项重要举措就是建立学习型组织，促进团队智能化建设。

香港铁路有限公司在 2007 年启动知识管理进程，并于 2009 年启动“学习型组织”建设计划，旨在围绕人员发展，建立一个能持续提供学习机会、职业发展机会给员工的先进学习型企业。

模块 5　城市轨道交通员工职业培养

模块概述

本模块围绕城市轨道交通行业员工的职业发展核心能力展开，以“理论工具—理念内化—素养评价”为逻辑主线，系统培养学员的职业管理能力与综合素养。通过引入 PDCA 循环、5W2H 分析法、鱼刺图等科学管理工具，结合团队协作、情商培养、目标导向等职业理念，最终落脚于职业素养评价体系与 KPI 考核的实践应用。模块内容覆盖职业规划、问题解决、任务分解、应急处理等典型工作场景，结合情景模拟与案例分析，帮助学员掌握从理论到实践的全流程职业能力，为城市轨道交通行业培养具备专业素养、高效执行力和持续改进意识的复合型人才。

学习目标

• 知识目标

1. 理解 PDCA 循环的四个阶段及其在质量管理和任务改进中的应用逻辑。
2. 熟悉 5W2H 分析法的七大要素，能够通过系统性提问明确问题本质。
3. 掌握鱼刺图的绘制方法及根本原因分析技巧。
4. 了解 KPI 的设计原则与分解流程，包括 SMART 原则的实践应用。
5. 理解职业素养评价的多元化指标及其权重分配逻辑。
6. 明确职业方向、态度、能力、团队协作与情商管理对职业发展的重要性。
7. 掌握行动后反思（AAR）的步骤及学习转化方法。

• 能力目标

1. 能够运用 PDCA 循环制订并优化工作计划，解决实际问题。
2. 能够通过 5W2H 分析法拆解复杂任务，设计可操作实施方案。
3. 能够使用鱼刺图分析工作失误的根本原因。
4. 能够根据岗位特点设计个人 KPI 目标。

5. 能够通过情景模拟演练提升沟通协调与危机应对能力。

6. 能够根据评价反馈改进工作表现。

7. 能够在小组任务中主动承担角色，协调冲突，推动团队高效协作。

- **素质目标**

1. 树立“能力导向”的职业发展观，注重个人成长与市场需求的双向匹配。

2. 培养责任意识与服务意识，践行“安全第一、乘客至上”的轨道交通行业理念。

3. 形成开放包容的团队协作精神，理解“个人价值依托团队实现”的职场逻辑。

4. 提升情绪管理能力，学会换位思考。

5. 建立“以评促改”的自我驱动思维，主动寻求反馈并优化工作方法。

6. 养成标准化与创新并重的职业习惯。

单元 5.1 职业管理理论

问题导入

引导问题 1：你在制订学习计划时，有没有试过“计划—执行—检查—改进”这样的循环方法？感觉效果如何？

引导问题 2：如果要组织一次班级活动，你觉得需要考虑哪些方面？

引导问题 3：当小组任务出现问题时，你们会用什么方法分析原因？尝试过画鱼刺图之类的分析工具吗？

引导问题 4：完成一个重要任务后，你们是否会专门开会总结经验和不足？一般会讨论哪些内容？

引导问题 5：面对复杂的项目，你会怎样把大任务拆解成具体可操作的小步骤？

知识准备

一、PDCA 循环

（一）PDCA 循环的概念

PDCA 循环又叫戴明环，是管理学中的一个通用模型，最早由休哈特博士于 1930 年构想，后来被美国质量管理专家戴明在 1950 年挖掘出来，并加以广泛宣传和运用于持续提高产品质量的过程中。它是全面质量管理所应遵循的科学程序。全面质量管理活动的全部过程，就是质量计划的制订和组织实施的过程，这个过程就是按照 PDCA 循环不停顿地周而复始地运转的。PDCA 循环实际上是有效进行任何一项工作的合乎逻辑的工作程序。在质量管理中，有人称其为质量管理的基本方法。PDCA 循环模型如图 5-1 所示。

二维码 13　职业管理理论

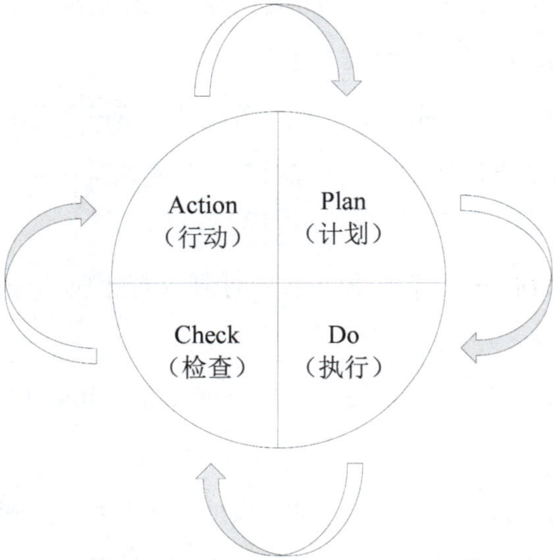

图 5-1　PDCA 循环模型

（二）PDCA 的含义

PDCA 是由英语单词 Plan（计划）、Do（执行）、Check（检查）和 Action

（行动）的第一个字母组成的，P、D、C、A 四个英文字母所代表的意义如下。

P（Plan）——计划，包括方针和目标的确定以及活动计划的制订。

D（Do）——执行，即具体运作，实现计划中的内容。

C（Check）——检查，即总结执行计划的结果，分清哪些对了、哪些错了，明确效果，找出问题。

A（Action）——行动（或处理），即对总结检查的结果进行处理，对于成功的经验加以肯定，并予以标准化，或制定作业指导书，便于以后工作时遵循；对于失败的教训也要总结，以免重现；对于没有解决的问题，应在下一个 PDCA 循环中去解决。

以上四个过程不是运行一次就结束，而是周而复始，一个循环完了，解决一些问题，未解决的问题则进入下一个循环，从而阶梯式上升。

（三）PDCA 循环分析说明

PDCA 循环的最初目的是解决生产中的质量问题，并且它也确实可以有效解决各种质量问题。随着其理论的不断发展，此方法逐渐运用于生产管理及服务的各个环节，甚至我们生活中的很多问题也同样可以用这种方法来思考并处理。下面我们说明这个循环的过程，如图 5-2 所示。

（1）计划制订阶段——P 阶段。这一阶段的总体任务是根据生产异常情况确定改进目标，制订改进计划，拟定实施措施。其实这是在 C、A 阶段分析的基础上进行的。

（2）计划执行阶段——D 阶段。按照计划执行相应的处理措施，开展改善工作。

（3）计划检查阶段——C 阶段。在计划执行过程中及其后要不断进行查核，评价其结果。

（4）计划处理阶段——A 阶段。此阶段的工作有两个步骤：一是把执行计划成功的经验总结并整理成标准，以便巩固提高；二是把本项工作循环尚未解决的问题以及出现的新问题提交到下一工作过程中去解决。

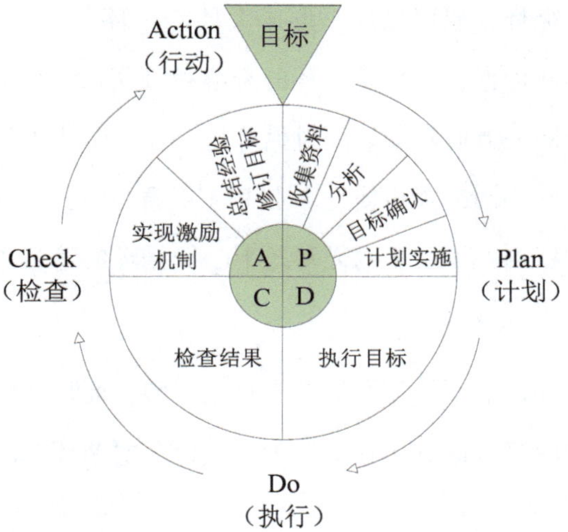

图 5-2 PDCA 循环过程分析

（四）PDCA 循环的特点

处理阶段是 PDCA 循环的关键。因为处理阶段就是解决存在的问题，总结经验和吸取教训的阶段。该阶段的重点在于修订标准，包括技术标准和管理制度。没有标准化和制度化，就不可能使 PDCA 循环螺旋上升。PDCA 循环可以使我们的思想方法和工作步骤更加条理化、系统化、图像化和科学化。它具有如下特点，如图 5-3 所示。

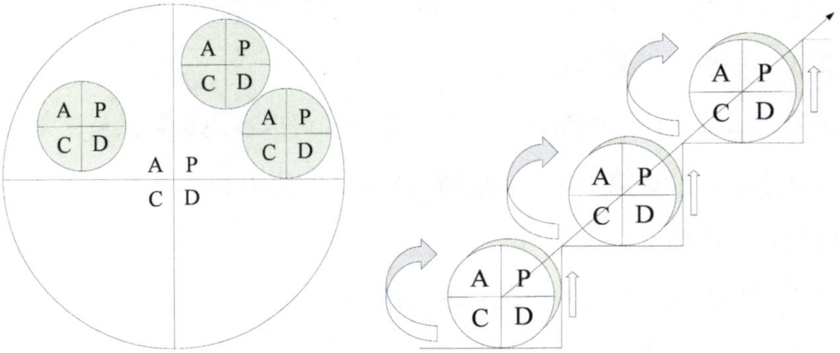

图 5-3 PDCA 循环特点分析

1. 大环套小环，小环保大环，推动大循环

PDCA 循环作为质量管理的基本方法，不仅适用于整个工程项目，也适应于整个企业和企业内的科室、工段、班组、个人。各级部门根据企业的方针目标，

都有自己的PDCA循环，层层循环，形成大环套小环，小环里面又套更小的环。大环是小环的母体和依据，小环是大环的分解和保证。各级部门的小环都围绕着企业的总目标朝着同一方向转动。通过循环把企业上下或工程项目的各项工作有机地联系起来，彼此协同，互相促进。在PDCA循环中，一般来说，上一级的循环是下一级循环的依据，下一级的循环是上一级循环的落实和具体化。

2. 不断前进、不断提高

每个PDCA循环，都不是在原地周而复始运转，而是像爬楼梯那样，每一循环都有新的目标和内容，这意味着质量管理经过一次循环解决了一批问题，质量水平有了新的提高。

3. 门路式上升

PDCA循环不是在同一水平上循环，其每循环一次，就解决一部分问题，取得一部分成果，工作就前进一步，水平就提高一步。每通过一次PDCA循环，都要进行总结，提出新目标，再进行第二次PDCA循环，使品质治理的车轮滚滚向前。PDCA每循环一次，品质水平和治理水平均提高一步。

（五）PDCA循环的步骤

步骤一：分析现状，找出题目。

发现题目是解决题目的第一步，是分析题目的条件。

步骤二：分析产生题目的原因。

找准题目后分析产生题目的原因至关重要，可以运用头脑风暴法等多种集思广益的科学方法，把致使题目产生的所有原因统统找出来。

步骤三：要因确认。

区分主因和次因是有效解决题目的关键。

步骤四：拟定措施、制订计划。

5W1H，即：为什么制定该措施（Why）？达到什么目标（What）？在何处执行（Where）？由谁负责完成（Who）？什么时间完成（When）？如何完成措施和计划（How）？这些是执行力的基础，尽可能使其具有可操性。

步骤五：执行措施、执行计划。

高效的执行力是组织完成目标的重要一环。

步骤六：检查验证、评估效果。

“下属只做你检查的工作，不做你希望看到的工作。”这句话将检查验证、评估效果的重要性一语道破。

步骤七：标准化，固定成绩。

标准化是维持企业治理现状不下滑，积累、沉淀经验的最好方法，也是企业治理水平不断提升的基础。标准化是企业治理系统的动力，没有标准化，企业就不会进步，甚至下滑。

步骤八：处理遗留题目。

所有题目不可能在一个 PDCA 循环中全部解决，遗留的题目会自动转入下一个 PDCA 循环。如此，周而复始，螺旋上升。

PDCA 循环一种持续改进的文化，在现代社会中得到了广泛的应用，并取得了良好的效果。PDCA 循环也是企业班组管理的基本方法之一。

二、5W2H 分析法

5W2H 分析法又叫七要素分析法。该方法简单、方便，易于理解、使用，富有启发意义，广泛用于企业管理，对于决策和执行性的活动也非常有帮助，有助于弥补考虑问题的疏漏。下面说明 5W2H 分析法的应用程序。

（1）Why——为什么？为什么要这么做？理由何在？原因是什么？

（2）What——是什么？目标是什么？做什么工作？

（3）Where—— 何处？在哪里做？从哪里入手？

（4）When—— 何时？什么时间完成？什么时机最适宜？

（5）Who——谁？由谁来承担？谁来完成？谁来负责？

（6）How——怎么做？如何提高效率？如何实施？方法怎样？

（7）How Much——多少？多大程度？数量多少？质量如何？费用、产出多少？

5W2H 法用 5 个以 W 开头的英语单词和 2 个以 H 开头的英语单词进行设问，发现解决问题的线索，寻找思路，进行构思。用 5W2H 法提出疑问、发现问题和解决问题是极其重要的。创造力高的人，都具有善于提问题的能力。提出一个好的问题，甚至意味着问题解决了一半。“5W2H”的思维方式，是管理的精确化、数字化，不只限于执行工作指令时有用，还可以运用到管理的一切方面。在你做任何事情的时候，头脑中有“5W2H”的思维方式，能避免在工作中的盲目冲动或感情用事。

三、鱼刺图

（一）鱼刺图的概念

鱼刺图是一种寻找产品质量问题产生的原因，即分析原因与结果之间关系的图解，如图 5-4 所示。在生产过程中影响产品质量的要素，不外乎人、机器、材料、工艺、环境五个方面，其每个方面都有许多具体因素，这些因素又是其他因素的结果。在分析时，要把影响产品质量的各种因素条理化，把原因和结果关系搞清楚。原因部分由大枝（大原因，如人、机器、工艺、材料、环境等）、中枝（中原因）、小枝（小原因）、细枝（更小原因）等组成。通过对原因的依次展开，即把对结果有影响的因素加以分类和分析，并由大到小、由粗到细，直到能直接具体地采取有效的措施解决问题为止。

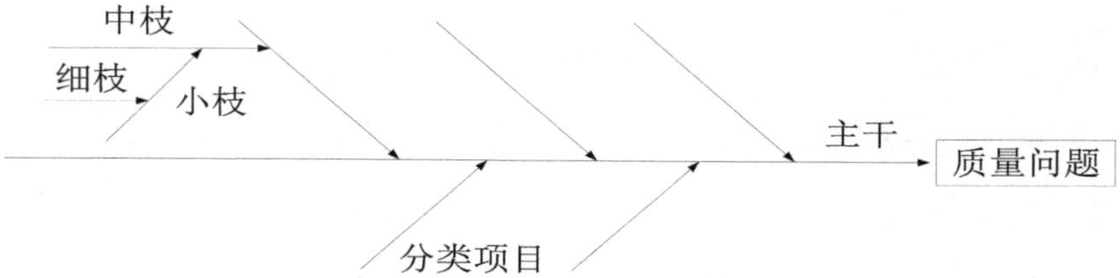

图 5-4　鱼刺图

（二）绘制方法

一是确定要分析的问题。将质量问题写在右边，画出主干，箭头指向右边。

二是确定造成质量问题的因素分类项目。例如，分析制造过程中的质量问题，可按影响工序质量的因素——人、机器、材料、工艺、环境等分类，也可按工艺的先后顺序分类。画大枝箭头指向主干，在箭头尾端记上因素分类的项目。

三是将上述项目分别展开。中心表示对应的项目中造成质量问题的一个或几个原因，一个原因画一个枝，箭头平行于主干指向大枝，将中枝记在中枝线的上下。

四是将上述原因再展开，分别画小枝。小枝为造成中枝的原因。如此展开下去，一直到能够提出有效的解决措施为止。

五是注明鱼刺图的名称、绘制者、绘制时间、参加分析的人员等。

鱼刺图的图形比较简单，图的质量与追问深度有关，追问越深，探索的原因因素也越细。如果没有一定的技术水平和生产经验，对生产过程没有比较全面、深入的了解，是难以针对存在的问题提出其根源的。因此，这种图最好是集体讨论绘制。不同岗位的工作人员，可根据自己的经验对影响质量的原因提出不同的认识。大家集思广益，把影响质量的各种主次因素都统一到鱼刺图上来，这样画出的图比较完整，既能群组化，又有连续性，逻辑关系强，能恰到好处地表达事物内在的原因结构。画好一张鱼刺图，还应注意：原因分析尽可能深入细致，细到可以直接采取措施为止；原因表达应简练、明确；确定主要原因后应到现场去进行调查核实，然后制定对策加以解决。鱼刺图同样可用来分析其他问题。

四、行动后反思

行动后反思（After Action Review，AAR）又称行动后学习或事后回顾，其定义为：对一事件的专业性讨论，着重于表现标准，使参加者自行发现发生了什么、为何发生、如何维持优点并改掉缺点。行动后反思的目的不是评定对错、成败与奖惩，而是进行学习。行动后反思与检讨会不可彼此替代，因为二者各有不同的功能。

具体而言，开展行动后反思这样的活动，其层面有两个：一是设定层面，谁、在何时何地、讨论什么、进行多久；二是历程层面，讨论如何进行程序、促进者（facilitator）如何辅助行动后反思讨论的进行。

行动后反思的具体步骤如下。

步骤一：讨论行动的意图。

当初行动的意图或目的是什么？当初行动时尝试要达成什么？是怎样达成的？

步骤二：讨论发生了什么。

实际上发生了什么事？为什么？怎么发生的？真实地重现过去所发生的事并不是容易的，人类的知觉与推论有很多偏误，而且不同人所看到的常是不同的。有两个方法是常被使用的：依时间顺序重组事件；成员回忆他们所认为的关键事件，并优先进行分析。

步骤三：讨论从中学到什么。

我们从过程中学到了什么新东西？如果有人要进行同样的行动，我会给他什么建议？

步骤四：讨论如何将学习转化为行动。

接下来我们该做些什么？哪些是我们可以直接行动的？哪些是其他层级才能处理的？是否要向上呈报？

步骤五：采取行动。

知识存在于行动中，知识必须通过应用才会发挥效用，必须产生某些改变的行为才是学习。

步骤六：分享。

谁需要知道我们“生产”的上述内容？他们需要知道什么？如何“杠杆性”地把“有用知识”有效地传递给组织中其他“有用的人”？

五、工作任务分解

工作任务分解（Work Breakdown Structure，WBS）原理是把一个项目，按一定的原则进行分解，如将项目分解成任务，任务再分解成一项项工作，再把一项项工作分配到每个人的日常活动中，直到分解不下去为止，即项目—任务—工作—日常活动。工作分解结构以可交付成果为导向对项目要素进行分组，它归纳和定义了项目的整个工作范围，每下降一层代表对项目工作的更详细定义，见图 5-5。

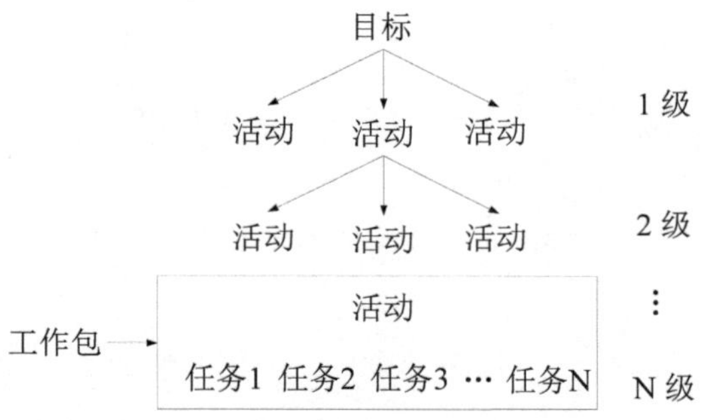

图 5-5 工作任务分解示意

工作任务分解可以由树形的层次结构图或者清单式的层次结构图展现，如图5-6所示。树形结构图的层次清晰直观，结构性很强，但不是很容易修改，对于大的、复杂的项目也很难表示出项目的全景，一般在小的、适中的项目中使用较多。

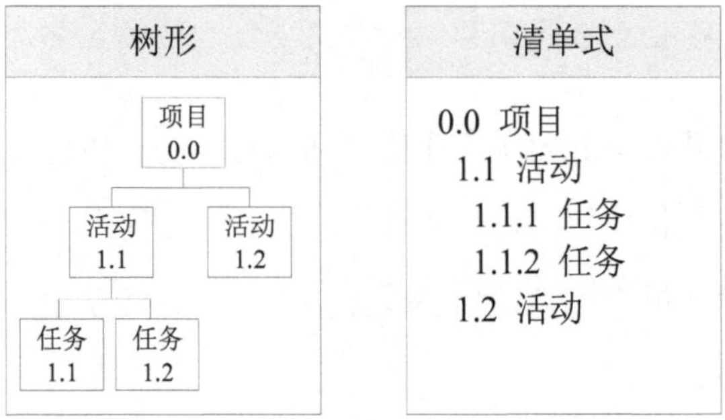

图 5-6 工作任务分解的形式

创建工作任务分解过程的五个步骤，以打扫房间为例，见图5-7。

先问：需要干什么？打扫房间——项目。

再问：打扫房间需要做什么？清洁地板、收拾家具、擦窗户、清理垃圾——任务。

接着问：如何清洁地板？扫把清扫、湿拖把拖地、干抹布擦地、地板打蜡——完成任务的活动。

然后问：如何用湿拖把拖地？取拖把、湿润拖把、顺序拖擦地板、洗净拖把、晾晒拖把——湿拖把拖地这项活动的工作包。

最后问：是否正确和完整？有无遗漏？是否易于分配责任和角色？资源是否很容易确定？工期是否容易估计？任务完成的衡量标准是否清楚？——检验工作

分解结构的正确性。

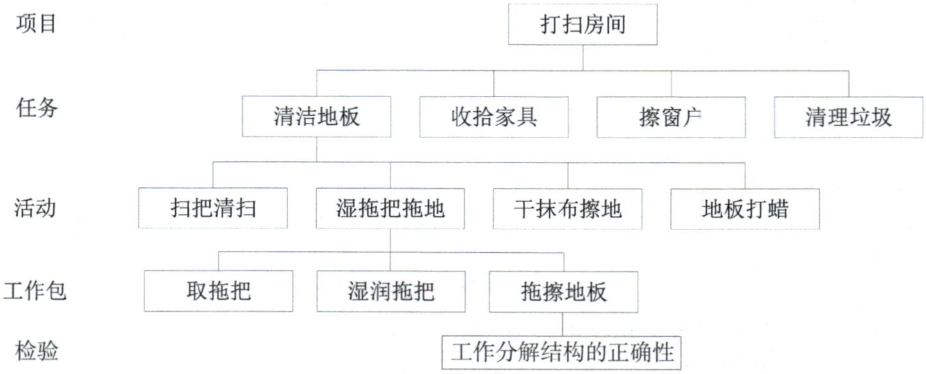

图 5-7　创建工作任务分解过程的五个步骤

任务实施

实训

实训目标：提升学生的团队协作能力和沟通能力，以便在实际工作中更好地与团队成员、上级和相关部门进行协作。

实训内容：设计员工培训计划，模拟培训过程，让学生了解并掌握突发事件处理的基本流程和方法。

实训准备：2~3 人一组，针对以下情景设置任务实施方案（5 分钟）。

【情景】随着城市化进程的加快，城市轨道交通作为城市公共交通的重要组成部分，承担着巨大的客流运输任务。为了确保城市轨道交通的安全、高效运营，提高员工的专业技能和应急处置能力显得尤为重要。组织学生进行突发事件模拟演练，如火灾、列车故障等，通过模拟演练检验学生的应急处置能力和团队协作水平，提高员工的实战能力。

要求：以抽签的方式随机领取任务和序号，每组按照序号顺序上台进行情景模拟训练。

评分标准：

序号	评价项目	分数	评分记录		
1	学习准备	10	学生自评	组间互评	教师评分
2	知识理解	20			
3	参与讨论主动性	20			
4	沟通协调	20			
5	语言表达	20			
6	思维拓展	10			
总分		100			
注：评价满分为100分，85分以上为优秀，75~84分为良好，60~74分为及格					

思考与实践

在城市轨道交通企业员工培训实训中，我们面临着一系列值得深思的问题。首先，培训内容如何紧跟技术发展的步伐，确保员工掌握最前沿的知识和技能？其次，培训方式如何更加高效、实用？除了传统的课堂讲授外，是否可以考虑引入模拟操作、案例分析、在线学习等多元化教学方法，以提升员工的参与度和实践能力？最后，培训后的持续学习机制如何建立？

单元5.2　职业理念内化

问题导入

引导问题1：你有没有给自己定过小目标？实现目标后感觉有什么不一样吗？

引导问题2：当遇到很难完成的任务时，你觉得自己用什么样的态度更容易成功？

引导问题3：你觉得“会赚钱”、“有能力”和“感兴趣”的工作，哪个对你更重要？为什么？

引导问题4：如果小组合作时有人不配合，你们会怎么解决？好的团队需要哪些条件？

引导问题5：当你和朋友闹矛盾时，一般会怎么处理？

知识准备

一、重视方向

目标的作用不仅是界定追求的最终结果，它在整个人生旅途中都起着重要作用，可以说，目标是成功路上的里程碑。目标的选择比努力重要，确定方向比出力流汗重要。可以说，如果方向错误，越努力，离成功反而越远。

要发挥潜能，就必须全神贯注于自己有优势并且会有高回报的方面，目标能助你集中精力。另外，当你不停地在自己有优势的方面努力时，这些优势会进一步发展。在实现目标时，你成为什么样的人比你得到什么东西重要得多。

现实生活中，没有方向或者跑错方向的大有人在。很多人坚信“天道酬勤”“一分耕耘、一分收获”“勤奋+汗水=成功”“世上无难事，只要肯登攀”“笨鸟先飞”等格言，殊不知，这些道理是建立在一个基本前提之上的，那就是有正确的方向。

二维码14　职业理念内化

二、重视态度

态度是个人能力、意愿、想法、感情、价值观等的外在表现。要做好一件事，需要具有一定的能力，但更重要的是必须具备端正、认真的态度。

三、重视能力

每个职业人在进行自己的职业生涯规划时，一般有三个导向：一是薪酬导向，就是以薪酬为中心；二是成长导向，就是把自己的能力提升和成长空间放在职业选择的首位；三是兴趣导向，就是把兴趣、爱好作为自己职业选择的主要标准。这三种导向没有对错之分，但是作为一个想在职业道路上有大发展的人来说，能力导向应该是第一位的。因为有了能力的依托，就不用担心薪酬，也有更大空间选择有兴趣的职业。

在职业生涯的初始阶段，要懂得投资自己更有意义。无论何时何地，都要把自己的职业成长和能力提升放在第一位。我们要懂得以自己的能力为根本，任何时候都不要忘记提高自己，这样才是真正地为自己积累财富。

职业人士的价值是由市场需求和自己的能力决定的。一个职业人如果缺乏业绩的支持，会随时面临被市场抛弃的可能。因此，市场价值是职业人的生命，失去了市场价值，就意味着职业生涯的终结。我们必须树立一个最基本也最重要的理念，即“个人成长第一”。要抓住一切可能的机会，创造一切可能的条件，在职业实践中提高自己。

四、重视团队

一撇一捺两笔相互依靠和支撑便组成了“人”这个字，由“人”字组成的成语也是多不胜数，比如“人才辈出”“人单势孤”“人多势众”“人各有志”等。随着人生经验的丰富，我们对这个字的含义会产生更多、更深刻的理解与诠释。“人”字有两笔，其中一笔是自己，另一笔则是你身边的人。一个人的成功，除了自身的努力外，更离不开周围的人的支持、帮助和辅佐。从历史上看，无论哪一代君主成就伟业都离不开一群人的支持、辅佐。从企业上来看，一个成功部门离不开员工的努力付出。对于个人而言，正是因为有家人、朋友的支持与帮助，我们才能够安心地投入，实现个人的理想。

团队是由单个个体所组成的。在工作中，每个员工在端正态度、掌握专业技能的同时，更需要具备团队精神，和团队中的其他成员积极协调配合，这样才能把工作做到出色。没有完美的个人，只有完美的团队。曾经有人问一位哲学家：“一滴水怎么样才能够不干？”哲学家回答说：“把它放到大海里去。”这简短的对话揭示了一个深刻的道理：个人与他人之间是相互支撑的，只有得到团队或者别人的支持，才会有无穷的力量。如果没有别人的支持，没有团队每个成员的群策力量，我们就无法克服重重的障碍，闯过道道险关。离开了团队，即使你在困难面前使出浑身的力量，也终究会有枯竭的一天。

拿破仑说："不想当将军的士兵不是好士兵。"一名优秀的员工不仅要有坚定的理想追求和言行一致的德行，还应有勇争第一的精神。其实第一与第二的比较就是一种心态的比较。如果没有积极上进的心态很难在自己的岗位上有所作为和发展。要不断告诉自己，其实我们可以做得更好，不断地去超越自己，相信在不远的将来我们的工作和生活都会发生根本性的变化，曾经的理想将不再遥远。

五、重视情商

情商（Emotional Quotient，EQ）又称情绪智力，是表示认识、控制和调节自身情感的能力。情商主要反映一个人感受、理解、运用、表达、控制和调节自己情感的能力，以及处理自己与他人之间的情感关系的能力。情商所反映的是个体把握与处理情感问题的能力。情感常常走在理智的前面，它是非理性的，其物质基础主要与脑干系统相联系，大脑额叶对情感有控制作用。心理学家认为，情商包括以下几个方面的内容：一是认识自身的情绪，因为只有认识自己，才能成为自己生活的主宰；二是能妥善管理自己的情绪，即能调控自己；三是自我激励，它能够使人走出生命中的低潮，重新出发；四是认知他人的情绪，这是与他人正常交往，实现顺利沟通的基础；五是人际关系的管理，即领导和管理能力。要善于与人交流，富有自觉心和同理心。自觉心就是中国人常说的"有自知之明"，对自己的素质、潜能、特长、缺陷、经验等有一个清醒的认识，对自己在社会、工作、生活中可能扮演的角色有一个明确的定位，而同理心就是将心比心。

智商（Intelligence Quotient，IQ）是用以表示智力水平的工具，智商的高低反映智力水平的高低。智商主要反映人的认知能力、思维能力、语言能力、观察能力、计算能力、律动能力等，也就是说它主要反映人的理性能力。

某研究机构调查了 188 个公司，研究了每个公司的高级主管的智商和情商对工作的影响力。结果发现：情商的影响力是智商的影响力的 9 倍。李开复说："情商意味着：有足够的勇气面对可以克服的挑战，有足够的度量接受不可克服的挑战，有足够的智慧来分辨两者的不同。"

任务实施

实训

实训目标：在模拟环境中践行轨道交通企业的文化和价值观，提升团队协作能力和服务意识。

实训内容：模拟乘客服务场景，练习沟通技巧和服务态度。

实训准备：2~3 人一组，针对以下三种情景设置任务实施方案（5 分钟）。

【情景 1】对轨道交通运营管理的职业理念进行详细讲解，包括安全、服务、效率等方面的要求。

【情景 2】模拟车站的日常运营场景，包括乘客服务、票务管理、行车调度等环节。

【情景 3】分组完成特定任务，如车站客流组织、设备巡检等，考察团队协作和沟通能力。

要求：将学生分成若干小组，每组分配不同的角色（如站长、行车调度员、客运服务员等）。模拟车站的日常运营场景，包括乘客购票、安检、进站乘车等环节。指导教师观察并记录学生在服务过程中的表现。

评分标准：

序号	评价项目	分数	评分记录		
1	学习准备	10	学生自评	组间互评	教师评分
2	知识理解	20			
3	参与讨论主动性	20			
4	沟通协调	20			
5	语言表达	20			
6	思维拓展	10			
总分		100			
注：评价满分为 100 分，85 分以上为优秀，75~84 分为良好，60~74 分为及格					

思考与实践

某轨道交通车站发生紧急情况（火灾、列车故障），需要迅速启动应急预案，确保乘客安全。在模拟车站环境中，要求学生按照应急预案进行模拟操作，包括疏散乘客、启动紧急设备等。

单元 5.3 职业素养评价

问题导入

引导问题 1：你平时完成小组任务后，会和同学互相评价表现吗？一般会关注哪些方面？

引导问题 2：如果要在班级里评选“进步之星”，你觉得应该从哪些标准来评选？为什么这些标准重要？

引导问题 3：当老师给你的作业打分后，你更希望得到简单的分数还是具体的改进建议？为什么？

引导问题 4：假设你要负责组织运动会项目，你会给自己设定哪些具体目标？

引导问题 5：如果社团要奖励表现优秀的成员，你觉得物质奖励和精神鼓励哪个更有效？为什么？

知识准备

职业素养评价是职业素养形成的一个杠杆，是人才培养过程中必不可少的环节，起导向作用，评价不是终点，而是新的起点。良好的职业素养评价体系的建立是职业素养形成过程中的关键，它不仅有利于城市轨道交通员工职业素养培养过程的动态管理，而且能有针对性地调整和完善培养方案，从而培养出符合行业和企业需要的人才。

一、职业素养评价的意义

城市轨道交通系统多专业多工种的联动和新设备新技术的特点，要求员工成为拥有高技能的人才，他们职业素养的高低，不仅影响到个人事业的发展，而且关系到企业在市场中的竞争力，甚至影响到国家经济社会的发展稳定。职业素养评价就是员工能否培养成为高技能人才的风向标，它不仅反馈人才培养的水平，更指明人才培养的方向，其意义非凡，具体表现在以下几个方面。

二维码 15 职业素养评价

（一）有利于员工良好习惯的养成

职业素养的高低，往往取决于日常习惯，作风散漫、不守纪律的人，在工作中很难自觉地严格遵守职业纪律。良好的习惯决定良好的素质，良好的素质决定良好的职业素养。职业素养评价可引导员工从日常工作和生活开始，从一点一滴开始，养成一个良好的习惯，进而形成良好的职业素养。

（二）有利于员工职业素养的提升

职业素养评价是动态的、全过程的测评。职业素养评价体系的建立与运用，能真实有效地反映职业素养的现状以及存在的问题，为进一步完善培养方案提供有效的证据，有效地调动员工的积极性、主动性、创造性，提升员工的职业素养，促使员工更快更好地发展，从而真正地实现“以评促改、以评促建”。

（三）有利于员工工作效率的提高

员工必须有适当的工作压力，养尊处优只能使员工安于现状、故步自封、不思进取、降低效率。进行有针对性的、有时效性的、积极的评价，能够对员工的行为进行有效的规范、约束与监督，使员工在感受压力传导的同时产生动力，工作更加集中精力、激发思维，提高工作效率。

（四）有利于员工队伍的建设

企业对员工进行评价，将评价内容细化，深化到员工的每项工作中去，对员工的职业素养进行规范和引导，可不断增强员工的战斗力与开拓创新能力，提高员工队伍的整体素质，更好地促进企业发展。

二、职业素养评价的主体

员工职业素养评价是个复杂的、系统性的工程，需要社会、企业、高校以及个人的共同努力才能有效地实现人才培养过程的动态管理，才能科学、全面地反馈人才培养的水平与现状，为今后的培养工作指明方向。因此，评价主体涵盖个人、高校、企业以及社会，但不同的评价客体有不同的评价形式，其评价主体也不尽相同。

职业知识的评价主要以职业资格证书考试考核为主，评价的主体是高校以及相关行业。

职业技能的评价形式主要表现在履职能力、技能大赛、创新创业大赛以及顶岗实习。能为员工提供这些活动的是企业与社会团体，所以它们是职业技能的评价主体。

职业道德的评价主要根据对各种主题文化活动的组织参与情况以及行业的顶岗实习日常表现，所以评价的主体应该是社会与企业。

三、职业素养评价的原则

（一）多元化

一是评价指标多元化：职业素养不仅包含职业知识与职业技能在内的“硬”素养，而且包含职业意识、职业道德等“软”素养。因此，在制定评价指标时不仅需要充分考虑员工职业知识与技能“硬”素养的评价，更要考虑到职业理想与道德“软”素养的评价，体现评价指标的多元化。

二是评价主体多元化：员工培养中参与的主体是多方面、多层次的。在员工的成长期，主要关注其职业知识与基础技能的学习与培养，评价的主体应为学校或企业；而在员工的成熟期，在具体的实践工作中，评价其职业素养的主体就是社会、企业。所以，评价主体的多元化不仅要反映员工不同时期培养的特点，更要体现参与主体的多样性，使评价更加客观、全面及科学。

三是评价形式的多元化：对员工职业素养的评价不只是单纯地采用试卷测试的方法，还包括技能大赛、创新创业大赛、顶岗实习以及职业生涯规划等形式，以不同的方式来测评员工的职业素养。

（二）职业化

员工职业素养不仅涵盖基础素养，而且应该突出体现行业、职业内在规范和要求。

（三）可操作性

评价结论发挥反馈导向作用的一个重要前提是评价过程中的操作现实性，制定的评价标准通常都是通过指标来体现的，而指标最终又都是通过具体的实践活动体现出来的。评价指标体系应避免抽象化、复杂化，必须坚持定性分析和定量分析相结合。因此，在制定员工职业素养评价标准时，必须考虑到标准的可操作性，整个评价体系要素与权重分配要科学、合理，评价指标要建立在真实、可行的基础上。

四、职业素养的自我评价

自我评价是以自身为客观对象的认识过程。在进行自我评价时要处理好主客观统一的问题，除了对自己基本素养的评价外，还要对自己的职业能力、水平和个性等内容进行评价。正确的自我评价应当注意掌握以下一些内容。

（一）客观性

对自己进行观察、分析、评价要以客观事实为基础依据。不客观的评价就是过高或过低的评价，过高会使自己脱离现实，过低又往往会忽视自己的长处，使自己缺乏自信，过于自卑。

（二）全面性

自我评价应当全面，既要看到自己的优点和长处，又要看到自己的缺点和不足，既要看到自己某一方面的特殊素质，又要看到自己全面、整体的因素；反之，任何一种片面、孤立、不分主次的自我评价都是不全面的。

（三）发展性

自我评价时不仅应以发展变化的眼光看待自己的现实素养，作出客观、全面的评价，而且应当着眼于未来发展变化，预见自己未来的发展潜力和前景。

自我评价的基本途径主要包括：自己与自己的比较，自己与他人的比较，自己与自己行为结果的比较，自己与企业需求之间的比较。

自我评价的方法主要包括自我分析、听取他人的评价、进行心理测试等，既要重视反省，又要广泛听取他人的评价，相互参照和综合，对自己作出准确、全面的自我评价。

五、职业素养评价指标体系

评价指标是评价对象本质属性与特征的具体反映，是对评价的各个维度的界定。评价指标体系是相关评价指标的系统化，但绝非单纯的量化。

通常，可将员工职业素养评价指标分为：职业知识、职业技能、职业道德、职业理想四个一级指标。为了使指标更具体，更有操作性，将职业知识、职业技能、职业道德这三个一级指标又分为公共基础素养和行业专业素养等多个二级指标，如将职业知识分为语言文字与计算机操作两个公共基础素养指标以及行业基础知识的专业素养指标；职业技能则分成学习能力、社会能力、创新能力和行业技能四个二级指标；职业道德分为爱岗敬业、诚信遵纪等公共职业道德和行业职业道德两个二级指标。而职业理想则根据黄炎培先生“使无业者有业，使有业者乐业”的目标，将就业、创业理想与乐业理想作为员工职业理想的两个二级指标。员工职业素养评价指标体系具体如表 5-1 所示。

表 5-1　员工职业素养评价指标体系

<table>
<tr><th colspan="2">评价指标</th><th rowspan="2">评价分值</th><th rowspan="2">指标权重
A（1. 0）B（0. 8）
C（0. 6）D（0. 4）</th><th rowspan="2">评价形式</th><th rowspan="2">评价主体</th></tr>
<tr><th>一级指标</th><th>二级指标</th></tr>
<tr><td rowspan="3">职业知识</td><td>语言文字基础</td><td>6</td><td></td><td rowspan="3">执业资格证书、考试与考核</td><td rowspan="3">高校、行业</td></tr>
<tr><td>计算机操作基础</td><td>6</td><td></td></tr>
<tr><td>行业基础知识</td><td>8</td><td></td></tr>
<tr><td rowspan="4">职业技能</td><td>学习能力</td><td>10</td><td></td><td rowspan="4">技能大赛、创新创业大赛、顶岗实习</td><td rowspan="4">企业、社会</td></tr>
<tr><td>社会能力</td><td>10</td><td></td></tr>
<tr><td>创新能力</td><td>8</td><td></td></tr>
<tr><td>行业技能</td><td>12</td><td></td></tr>
<tr><td rowspan="2">职业道德</td><td>爱岗敬业、诚信遵纪等公共职业道德</td><td>10</td><td></td><td rowspan="2">主题文化活动、行业顶岗实习</td><td rowspan="2">企业、社会</td></tr>
<tr><td>行业职业道德</td><td>10</td><td></td></tr>
<tr><td rowspan="2">职业理想</td><td>就业、创业理想</td><td>10</td><td></td><td rowspan="2">职业生涯规划、课程及实践</td><td rowspan="2">个人、高校</td></tr>
<tr><td>乐业理想</td><td>10</td><td></td></tr>
</table>

六、KPI 考核体系

城市轨道交通员工能否完成各自的工作任务是企业能否实现战略目标的关键，良好的职业素养主要体现在员工能够完成好各自的工作任务。基层员工由于工作内容、工作要求的不同，若仅通过工作行为和工作方式设置统一的考核标准，是无法准确地将企业的、部门的战略分解到个人的。只有抓住不同岗位的 KPI（Key Performance Indicator，关键绩效指标），才能有效地将企业战略目标分解到每个人，使每位员工都承担起发展企业战略目标的责任。

（一）KPI 设计

KPI 是通过对组织内部流程输入端、输出端的关键参数进行设置、取样、计算、分析，衡量流程绩效的一种目标式量化管理指标，是把企业的战略目标分解为可操作的工作目标的工具，是企业绩效管理的基础。建立明确的、切实可行的 KPI 体系，是做好绩效管理的关键。KPI 是用于衡量工作人员工作绩效表现的量化指标，是绩效计划的重要组成部分。

为了将企业的战略目标转化为具体的、可操作的目标和行动，必须自上而下从企业、部门、员工个人三个层面设计 KPI 体系。

1. 企业 KPI 的设计

企业层面 KPI 是企业的指挥棒和风向标，对于企业战略目标的实现举足轻重。以 KPI 为核心的绩效管理体系，要明确企业未来的发展方向和战略目标，主要依据企业远景目标、中长期战略规划、年度战略目标和重要战略举措，经过战略解读、识别关键成功要素（CSF）、通过 CSF 与 KPI 匹配，设计企业层面 KPI。解读企业战略，明确战略主题之后，就可以瞄准战略目标主题，识别 CSF，再通过 CSF 与 KPI 集的匹配，选择确定企业层面的 KPI。

2. 部门 KPI 的设计

设置部门层面的 KPI：采取自上而下分解的方法，用矩阵表将企业层面 KPI 分解到各部门。其流程为：首先，将企业层面 KPI 与部门建立对应关系；其次，确认部门对企业层面绩效指标的影响程度（重要程度大小）；最后，根据部门对企业层面绩效指标影响程度的大小，确定部门 KPI 权重。

3. 员工个人 KPI 的设计

岗位员工的业绩考核采取 KPI 的方式，其设计依据主要如下：第一，依据部门 KPI 向下分解到具体岗位的 KPI，所在部门的 KPI 是部门内各岗位 KPI 设置的重要依据；第二，依据岗位说明书的职责范围和绩效领域，设定和补充岗位 KPI；第三，依据领导对岗位及任职人的要求，补充岗位的 KPI；第四，依据各部门的绩效指标集设定和补充岗位 KPI。具体如图 5-8 所示。

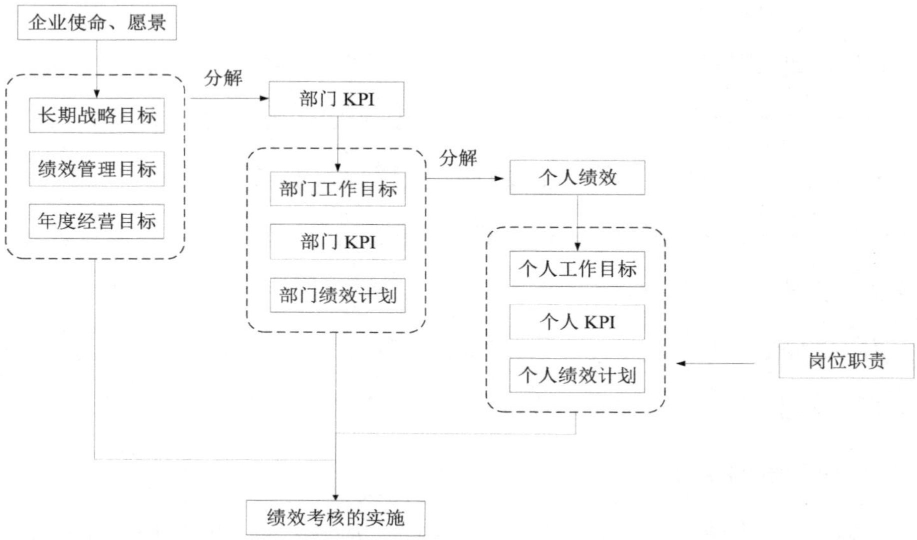

图 5-8　KPI 分解图

4. 设计 KPI 的原则

设计 KPI 时应遵循 SMART 原则，如图 5-9 所示。SMART 是以下五个英文单词首字母的缩写。

S：代表具体明确（Specific），指绩效考核要切中特定的工作指标，不能笼统。

M：代表可度量（Measurable），指绩效指标是数量化或行为化的，验证这些绩效指标的数据或信息是可以获得的。

A：代表可实现（Attainable），指绩效指标在付出努力的情况下可以实现，避免设立过高或过低的目标。

R：代表有关联性（Relevant），指绩效指标是与上级价值目标具有明确的关联性的，并最终与公司目标相结合。

T：代表有时限（Time-bound），注重完成绩效指标的特定期限。

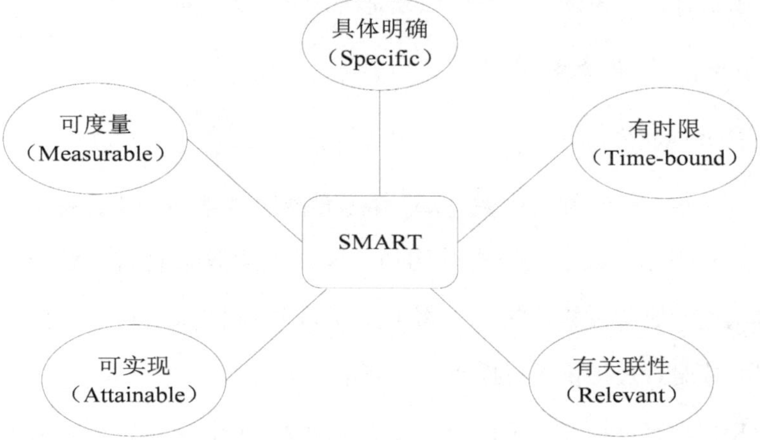

图5-9 SMART原则

KPI考核能够使上下级对相关绩效目标有着清晰和统一的认识，为业绩管理和上下级的交流沟通奠定客观基础；使高层领导清晰了解对公司价值最关键的经营操作的情况；使管理人员集中精力于对业绩有最大驱动力的经营活动；使管理人员能及时诊断经营中的问题并采取行动；积累关键绩效参数，为绩效改进提供依据。

5. 设计KPI的基本过程

设计KPI一般遵循下面的过程。

（1）建立评价指标体系。可按照从宏观到微观的顺序，依次建立各级指标体系。首先，明确企业的战略目标，找出企业的业务重点，并确定这些关键业务领域的KPI，从而建立企业KPI。其次，各部门的主管需要依据企业KPI建立部门KPI。最后，各部门的主管和部门人员一起再将部门KPI进一步分解为更细的KPI。这些业绩衡量指标就是员工考核的要素和依据。

（2）设定评价标准。一般来说，指标指的是从哪些方面来对工作进行衡量或评价；而标准指的是在各个指标上分别应该达到什么样的水平。指标解决的是我们需要评价“什么”的问题，标准解决的是要求被评价者做得“怎样”、完成“多少”的问题。

（3）审核 KPI。对 KPI 进行审核的主要目的是确认这些 KPI 是否能够全面、客观地反映被评价对象的工作绩效以及是否适合于评价操作。

（二）KPI 的特点和意义

1. KPI 的特点

（1）KPI 是战略管理的桥梁。KPI 体系是战略管理的桥梁，将企业愿景、使命和发展战略规划，通过上下充分沟通，诠释企业战略规划，提炼企业战略实现、价值创造的成功要素及指标，将 KPI 瞄准战略目标靶心，并层层分解至部门、员工为战略管理提供了可操作、可衡量的工具。

（2）KPI 具有可控性。可控制、可衡量的绩效指标才会产生积极有效的激励作用。KPI 是对可控制、可衡量的绩效目标进行考核，主要从绩效形成的内因、外因分析，关注点是绩效形成的内因而排除不可控的外因，使被考核对象能通过自身努力达到绩效目标。

（3）KPI 能解决短板效应。“最短的木板决定木桶的盛水量。”通过查找和分析企业经营存在的问题，即“木桶最短的木板”，制定出解决短板的举措，形成组织层面的计划，向下层层分解至部门、员工，依次形成企业、部门、员工绩效改进 KPI，防止战略目标“稀释”现象的发生，进而提升整体绩效，为战略目标实现提供保障。

2. KPI 的意义

（1）从管理目的来看，KPI 考核旨在引导员工的注意力方向，将员工的精力从无关紧要的琐事中解脱出来，从而更加关注公司整体业绩指标、部门重要工作领域及个人关键工作任务。

（2）从管理成本来看，KPI 考核可以有效地节省考核成本，减少主观考核的盲目性，缩减模糊考核的推敲时间，将企业有限的财力、物力、人力用于研发新的产品和开辟新的市场。

（3）从管理效用来看，KPI 考核主要用来检测管理中存在的关键问题，并能够快速找到问题的症结所在，不至于被过多的旁枝末节所缠绕。

有了 KPI 体系，也不能保证这些指标就能运用于绩效考核，达到预期的效果。要想真正达到效果，还取决于企业是否有 KPI 考核的支持环境。企业应主要从以下几个方面建立 KPI 考核的支持环境。第一，以绩效为导向的企业文化的支持。建立绩效导向的组织氛围，通过企业文化化解绩效考核过程中的矛盾与冲突，形成追求优异绩效的核心价值观的企业文化。第二，各级主管人员肩负着绩效管理任务。分解与制定 KPI 是各级主管应该也必须承担的责任，专业人员只是起技术支撑作用。第三，重视绩效沟通制度建设。KPI 的建立与落实是一个自上而下的制度化过程，没有良好的沟通制度作保证，KPI 考核就不会具有实效性和挑战性。第四，绩效考核结果与价值分配挂钩。实践表明，两者挂钩的程度紧密，以 KPI 为核心的绩效考核系统才能真正发挥作用。

（三）站务中心 KPI

城市轨道站务中心的主要责任是保证地铁运行正常，为乘客提供优质的服务。根据站务中心战略目标总结，对影响车站服务的相关指标进行挑选，针对售检票员、客运值班员和行车值班员岗位特点，从琐碎的工作考核指标中提炼核心内容设置 KPI 体系；再依据以往各岗位员工平均发生工作失误的比例，对不同等级客流车站制定相应的考核方法，区别对待，使各岗位中优秀的员工继续保持良好的状态，使错误率较高的员工逐步减少失误，提高自身工作能力，向优秀员工看齐。具体可划分为票务管理和行车管理两大类，整理出票务管理规范和行车一般安全问题纳入 KPI，如表 5-2 所示。

表 5-2　站务中心票务管理规范、行车一般安全问题 KPI

指标类别	指标内容	适用对象
票务管理规范	冒充乘客签字或篡改乘客事务处理单	售检票员
	乘客事务处理错误或处理乘客事务未按规定填记乘客事务处理单	
	未按规定处理乘客事务误操作造成 100 元及以下的经济损失（如付费出站票操作为免费出站票等）	
	遗失重要单据（乘客事务处理单、发票等）	
	跳号使用乘客事务处理单	
	票务钥匙交接、使用不规范	
	未按规定登录、退出 POST	
	进出票亭不及时关门	
	未执行售票/问询处人员进出有关规定	
	售票/问询处物品摆放混乱、卫生状况差	
	当班时带个人钱款上岗	
	违规免费更新 IC 卡	
	人工账款差错	客运值班员
	票款清点作业流程不规范	
	故意截留票款不上缴	
	漏包造成钱款未及时解缴银行	
	现金、有价票卡等未按规定在监控范围内进行双人交接确认	
	未按规定时间处理长、短款	
	保险箱使用不规范	
	未按规定要求封包	
	票款少上交银行或误将备用金当票款上交	
	未在规定的地点或未执行双人补币	
	未在规定时间录入、保存票务信息平台数据	
	因误操作，错误报修票务信息平台	
	车站要求驳回信息平台修改	
	票务中心驳回报表要求修改	
	节假日驳回未在中心站长处备案	
	未按规定打印票务信息平台报表	
	未在规定时间内进行驳回修改	
	私藏废票	
	相关岗位人员未按规定回收、保管已使用纸票	

续表

指标类别	指标内容	适用对象
票务管理规范	票务相关人员未按规定交接、保管、清点车票	客运值班员
	票务相关人员未按规定交接、保管、清点车票造成1000元以上差错	
	相关岗位人员未按规定回收、保管废票	
	在单程票清点工作中出现重大差错	
	未执行双人确认有关规定	
	票务报表漏填、错填	
	未及时上交票务报表	
	不及时填记票务台账或票务台账填记错误	
	票务报表、台账使用保管不规范	
	通知车站改报表后不及时纠正	
	未按整改通知书的要求及时整改	
	维修人员维修TVM时无车站员工在场监督	
	未按规定对AFC设备进行测试	
	TVM补币、补票不及时，影响设备使用，但未对服务造成较大影响	
	TVM补币、补票不及时，影响设备使用，对服务造成较大影响	
	使用他人操作卡登录使用AFC设备	
	AFC设备模式状态检查漏查一个时间段	
	AFC设备点巡检早高峰或晚高峰期漏查	
	进出票务室、票亭不及时关门	
	未执行AFC票务室人员进出有关规定	
	AFC票务室物品摆放混乱、卫生状况差	
	车站票务运作中存在问题汇总、分析、上报不及时现象	
行车一般安全问题	紧急情况下未及时按压紧停按钮	行车值班员
	发生行车问题未及时上报	
	错听、错报车次	
	未按规定报点	
	未按规定执行运营前检查	
	行车相关备品准备不及时（路票、探照灯等）	
	调度命令未及时反馈	
	非正常情况下组织行车时，未按规定办理接、发车作业，未对行车安全造成影响	
	行车备品设备未按规定使用	
	发现违章施工未及时制止	
	发现违章施工未及时上报	

续表

指标类别	指标内容	适用对象
行车一般安全问题	未按规定做好必要的施工防护	行车值班员
	未按规定进行施工请销点，未造成重大影响	
	未按规定组织和开展应急演练	
	突发事件处置不当，未造成较大影响	
	未按规定开展每日一练	
	发生治安事件未及时汇报	
	发生火灾未及时报警	
	消防通道堆放杂物，影响通道畅通	
	在防火重点部位堆积杂物	
	防火门未按规定关闭	
	发现乘客将易燃、易爆物品带入车站，但未加制止	
	未按规定定期进行消防检查	
	消防巡查不到位，消防设施失效、损坏未及时发现	
	在站内违规使用明火或电热设备	
	门禁系统未按规定使用	
	设备故障没有报修记录	
	设备故障报修后没有及时跟踪形成闭环	
	设备故障前期处置不规范	
	发生乘客落轨、受伤未及时上交事情说明且未在日报中反映	
	施工登记簿未及时登记、销记	
	钥匙使用未及时登记、销记	
	未按规定及时编写车站级防寒、防洪及大客流细化方案等相应预案	
	未按时上交行车、安全类报表、统计	
	未按规定对防寒、防汛等预防恶劣气候的备品进行检查	
	未按规定对防寒、防汛等预防恶劣气候的抢险人员名单进行更新	
	未按规定对防寒、防汛等预防恶劣气候的相关备品进行布设	

重大安全问题依然由企业领导按照险性事故、一般事故和事故苗头进行界定，实施考核。值班站长和工长在顶替值班员或售检票员岗位空缺期间实施相应的岗位管理方法。

（四）站务中心 KPI 权重的设置

不同岗位的员工 KPI 的数量不一样，KPI 体系确立之后，还需要设定评价标准。一般来说，指标指的是从哪些方面衡量或评价工作，解决“评价什么”的问题；而标准指的是各个指标应该达到什么样的水平，解决“被评价者怎样做，做多少”的问题。只有对 KPI 设置相应的权重，才能突出重点，引导员工抓住关键问题，提高工作效率。根据站务中心工作的重点，以乘客服务和行车安全为重点设置各岗位权重，如表 5-3 所示。

表 5-3　站务中心员工 KPI 权重分配

岗位	指标名称	权重
售检票员	POST 长短款	10
	边门管理	10
	乘客投诉	30
	票卡处理方式错误	10
	票务管理规范	10
	丢失车站运营备品、钥匙等物品	10
	服务规范	20
	合计	100
客运值班员	乘客投诉	20
	报表差错	10
	票务平台操作	10
	票务设备维修	20
	票务管理规范	20
	丢失车站运营备品、钥匙等物品	10
	服务规范	10
	合计	100
行车值班员	车站设备报修	10
	车站广播	10
	错误执行 LOW 命令	20
	施工管理	10
	行车一般安全问题	30
	丢失车站运营备品、钥匙等物品	10
	服务规范	10
	合计	100

续表

岗位	指标名称	权重
值班站长	巡更管理	10
	票务运作规范管理	30
	行车运作规范管理	40
	丢失车站运营备品、钥匙等物品	10
	服务规范	10
	合计	100
工长	考勤管理	20
	票务运作规范管理	30
	行车运作规范管理	30
	丢失车站运营备品、钥匙等物品	10
	服务规范	10
	合计	100

个人每项得分分值为：KPI 各项指标分值×KPI 各项指标权重，将个人每项得分分值相加，即为员工个人 KPI 总分值。

七、其他评价指标设置

城市轨道交通企业对员工的职业素养评价不能仅仅依靠 KPI，还要从员工的品德、兴趣等个人能力和工作态度等方面对员工进行考核，这样才能培养综合能力强、发展全面的员工。如图 5-10 所示。

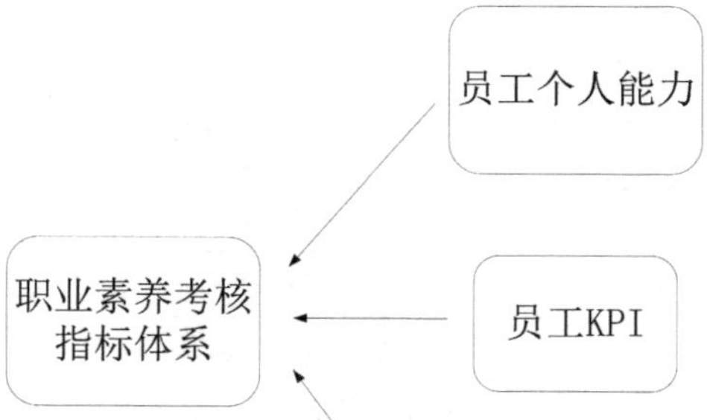

图 5-10　职业素养考核指标体系

站务中心在员工个人能力指标和员工工作态度指标设置时，要充分考虑站务中心的发展需要及员工工作特点，结合员工实际的工作内容进行设置，如表5-4所示。

表5-4 员工个人能力和员工工作态度指标

指标类别	指标内容	权重
员工个人能力指标	能运用专业知识，根据岗位特点，对工作方法积极思考，努力改进，推陈出新	20
	在团队合作完成的工作中，能完成自身岗位工作，能与班组其他人员配合共同完成工作	30
	对领导所交代的其他任务尽力完成，及时反馈	20
	在企业组织架构产生调整时，不埋怨、不抱怨，积极调整心态，尽力学习新岗位的相关知识	30
	合计	100
员工工作态度指标	坚决执行岗位要求，提高执行力，无条件执行领导要求	30
	不违反职业要求标准，树立正确的职业道德观	30
	为身边同事树立榜样，提供正能量，宣传分享工作经验	20
	诚实守信，刚正不阿，对不利于企业发展的、未经证实的谣言的传播，予以制止	20
	合计	100

八、评价反馈及结果运用

（一）评价反馈

评价反馈是管理人员将评价工作要求、指标的完成情况和评价的结果反馈给员工，使员工充分了解自己的目标和任务、优点和不足，并找到不断提升自身的方法。在岗位员工评价过程中，要重视沟通，发现员工错误要及时指出，落实考核；同时要注意沟通方式，做到使员工心服口服，正面接受绩效考核的结果，避免产生负面情绪。

反馈通常采用面谈的方式进行。在面谈的过程中，管理人员首先要选择在轻松的环境中进行，并且调整自己的状态，不要给员工压迫感，以免员工认为是来“算账”的。其次，管理人员要做好准备，在面谈前对面谈对象进行各方面的了解，包括性格、爱好等；针对不同员工使用合适的技巧，注意言语得当，对员工在绩效计划实施中表现出的过人之处给予肯定，对不足之处与员工确认，并制订改进计划，同时给予员工鼓励，帮助员工进行心理疏导。再次，做好面谈记录，与员工达成一致的问题要得到员工书面的认可；未达成一致的，可以根据员工要求考虑是否采用易人、易地的方式进行第二轮面谈。最后，根据上一轮评价周期的结果，制定新一轮的评价指标体系，对员工提出更高的要求，鼓励员工努力实现目标。

（二）评价结果运用

1. 用于改进评价指标体系

针对评价中发现的问题，要究其根本，对从原因到过程再到结果进行充分的分析，不仅从员工方面找原因，也要从企业管理制度、评价流程、管理人员自身等多方面找原因。评价指标体系实施的过程中，有很多因素是员工无法控制的，管理人员除了要分析员工的不足外，也要进行自我反省，看看是否是企业制度出现了问题，是否要进行调整，而不是一味地从员工身上找原因。只有这样才能更好地与员工制定新一轮的评价指标体系。

2. 用于薪酬分配

站务中心员工的薪酬结构为：基本工资+岗位工资+绩效工资+福利，将员工评价得分运用到薪酬分配中，使薪酬分配更加合理，促使员工努力工作。

3. 用于员工岗位调整

员工的评价分数连续处于较差等级的，应进行岗位培训。培训后仍不能达到良好的，应予以降级或辞退。只有这样，才能对长期处于“混日子”状况下的员工予以警示，让其意识到，不努力工作、不把心思放在工作上，就要面临淘汰的可能。

4. 用于员工晋升

评价分数是员工平时工作状况的表现，每年站务中心根据组织架构调整，决定晋升岗位的数量。对于平时工作较认真的员工、得分为优秀的员工，应纳入晋升培养计划。通过晋升考核的员工，按照排名，根据需求岗位的数量晋升。

九、完善其他制度

要使员工的职业素养评价结果得到充分的应用，还需要完善其他配套管理制度。

（一）完善激励机制

国家法定休息日是站务中心员工最忙的时候，许多员工无法与家人团聚。在站务中心现有的激励机制中，除了员工在平时工作过程中受到各类表扬，对其进行绩效奖励加分外，并未设置其他的激励措施，这就使员工陷入“不求有功，但求无过”的境地。针对此类情况，可以对全年绩效评价分数为优秀的员工提供全家旅游的机会，不仅对表现优秀的员工进行了奖励，也表达了企业对员工精神层面的关怀，这也使员工对绩效管理评价更加重视，充分调动积极性投入到工作中。还可以通过管理人员的引导，使员工之间产生良性竞争，促进企业生产效率的提高。

（二）完善培训制度

完善培训制度的关键在于使员工自愿参加培训，使培训真正有效果。而不是通过签到、点名等方式来督促员工培训，因为这样的结果只会是员工“人在，心不在”，培训的效果无法达到。可以通过以下四个方面进行改善。第一，培训后的考核内容以讲师上课所讲授的内容为主，不采用勾画重点的方式提醒员工复习。讲师上课的内容即是重点，且提高试卷灵活度，使员工真正理解，而不是光靠背书来考试。第二，对于每年培训考试成绩都在 90 分以上的员工给予培训奖励，在工资中体现。第三，讲师每次培训时都可以对某些表现较差的员工进行记录，反馈到管理人员，纳入绩效考核。第四，对于利用休息时间自学考取学历文凭的员工，企业在员工取得毕业证书后，可以补贴部分学费，以此方式鼓励员工提高自身文化程度。

（三）完善评价申诉制度

管理人员对员工进行绩效评价时，主要是对员工的工作表现进行评价，在评价的过程中要客观地评价，不能掺有个人主观意见。在选拔参与评价的管理人员时，要采用随机选取的方式，杜绝使用固定人员进行评价，避免“讲人情”现象出现。在评价结果公布后一周内，员工对评价结果有异议的可以向人力资源部提出申诉，由人力资源部在接到申诉要求的 5 个工作日内安排管理人员及员工进行复评，员工可以申请调看监控或提供其他员工证明等证据与管理人员进行辩解。在复评的过程中，一旦发现员工或管理人员弄虚作假，将进行严厉考核，对此类行为坚决予以制止和处罚。

任务实施

实训

实训目标：根据已学知识完成客运咨询服务的工作任务。

实训内容：问询服务。

实训准备：2~3 人一组，针对以下三种情景设置任务实施方案（5 分钟）。

【情景 1】一名乘客乘坐 Z178 次列车从哈尔滨西来到杭州，想去西湖游玩，不知乘坐几号地铁，于是选择来到服务中心。你作为服务中心工作人员，该如何接待？

【情景 2】一名乘客不小心将一个手机遗落在地铁的座位上，前来服务中心求助。你作为服务中心工作人员该如何处理？

【情景 3】一个妈妈来到服务中心告知工作人员自己的小孩一溜烟地跟随乘客上了地铁，而自己还来不及上车，屏蔽门就已经关了，所以请求帮助找回小孩。面对这种情况，你作为服务中心工作人员该如何处理？

要求：以抽签的方式随机领取任务和序号，每组按照序号顺序上台进行情景模拟训练。在任务实施过程中应礼仪规范、程序正确，充分体现出“耐心倾听、微笑服务、积极应对、快速处理”的 16 字口诀。

评分标准：

序号	评价项目	分数	评分记录		
1	学习准备	10	学生自评	组间互评	教师评分
2	知识理解	20			
3	参与讨论主动性	20			
4	沟通协调	20			
5	语言表达	20			
6	思维拓展	10			
总分		100			
注：评价满分为 100 分，85 分以上为优秀，75~84 分为良好，60~74 分为及格					

思考与实践

一天，一位 60 多岁的乘客双手推着轮椅缓慢地进了站厅，你作为站厅巡岗的工作人员该如何做？请做一份设计方案，要求礼仪正确、流程规范。

参考文献

［1］赵义军，郑敏. 城市轨道交通员工职业素养［M］. 北京：人民交通出版社，2023.

［2］徐新玉. 城市轨道交通员工职业素养［M］. 北京：人民交通出版社，2024.

［3］奚进. 铁路员工职业素养［M］. 北京：人民交通出版社，2019.

［4］李东风，李余华. 城市轨道交通员工职业素养［M］. 北京：北京出版社，2019.

［5］王志杰，陈卫民. 职业素养基本训练［M］. 北京：中国劳动社会保障出版社，2015.

［6］匡华云，梁晶. 大学生就业指导［M］. 北京：人民交通出版社，2024.

［7］涂雯雯，魏超. 大学生职业生涯规划［M］. 北京：人民邮电出版社，2019.

［8］刘兰明. 职业基本素养［M］. 北京：高等教育出版社，2019.

［9］中华人民共和国人力资源和社会保障部，中华人民共和国交通运输部. 国家职业技能标准：城市轨道交通列车司机［S］. 北京：中国劳动社会保障出版社，2020.

［10］中华人民共和国人力资源和社会保障部，中华人民共和国交通运输部. 国家职业技能标准：城市轨道交通服务员［S］. 北京：人民交通出版社，2020.